Hubert Dreyfus

휴버트 드레이퍼스 / 최일만

<컴북스이론총서>는

현대를 호흡하는 사상가들을 소개합니다.

단순한 사상의 축약, 해제가 아닙니다.

해당 사상가를 연구해 온 전문가가 직접

사상가의 핵심 키워드 10개를 뽑아 해설하고 비평합니다.

인간과 비인간, 현실과 가상, 문화와 야만의

경계를 넘나드는 모든 사상을 싣겠습니다.

오늘을 살아가는 모든 이의 나침반이 되겠습니다.

컴북스이론총서

휴버트 드레이퍼스

최일만

대한민국, 서울, 커뮤니케이션북스, 2025

휴버트 드레이퍼스

지은이 최일만
펴낸이 박영률

초판 1쇄 펴낸날 2025년 9월 12일

커뮤니케이션북스(주)
출판 등록 제313-2007-000166호(2007년 8월 17일)
02880 서울시 성북구 성북로 5-11
전화 (02) 7474 001, 팩스 (02) 736 5047
commbooks@commbooks.com
www.commbooks.com

ISBN 979-11-430-1202-9 04500

책값은 뒤표지에 표시되어 있습니다.

AI에 대한 현상학적 반성

AI에 대한 관심이 뜨겁다. 20세기 후반 AI의 발전은 더뎠고, 많은 사람들은 AI가 인간 지성의 수준에 도달하는 일이 어려울 것이라고 보았다. 현재 이러한 전망은 뒤집혔다. 2016년 AI가 인간을 이길 수 없는 분야라고 생각되었던 바둑에서 알파고가 이세돌에게 승리한 이래, 급속한 AI의 발전은 우리에게 자연언어로 대화와 번역을 할 수 있는 AI, 이미지와 동영상과 음악을 생성하는 AI, 단백질 접힘을 예측하는 AI 등 인간의 능력에 달하거나 그것을 상회하는 듯한 AI들을 가져다주었다. 열광과 두려움이 있다. AI가 인간의 지적 노동을 대체해 우리가 노동에서 해방되어 행복한 삶을 누릴 것이고, AI가 인간보다 더 나은 판단을 제공해 우리 삶의 질이 더욱 향상될 것이라는 열광. AI로 인해 인간이 인간의 본질로 여겨 오던 것을 잃고 무력한 존재가 될 것이며, 자신이 만들어 냈으나 자신보다 뛰어난 존재의 지배를 받게 될 것이라는 두려움.

열광에도 두려움에도 치우치지 않고, AI가 우리 삶에,

사회에, 세계에 무엇을 가져올지 고찰하는 것이 학문의 임무일 것이다. 이러한 고찰은 AI, 인공적 지성이 어떤 지성인지에 대한 이해를 요구한다. 그것이 어떤 지성인지에 따라 우리가 AI에 기대하고 예상할 수 있는 바가 달라질 것이기 때문이다. 이러한 작업은 또한 인간 지성이 어떤 지성인지 이해하는 작업과 분리될 수 없다. 현재까지 우리가 유일하게 이해하는 지성이 인간 지성인 한, AI가 어떤 지성인지 밝히는 작업은 우리의 지성에 비추어서 이루어질 수밖에 없기 때문이다. 그러므로 우리에게 필요한 것은 AI의 지성과 인간 지성에 대한 철학적 반성 작업, '인공 이성 비판(critique of artificial reason)'이다.

드레이퍼스와 AI 연구의 대결

휴버트 드레이퍼스(Hubert Dreyfus, 1929~2017)는 AI 연구 초기부터 인공 이성 비판 작업을 행한 철학자다. 1929년 미국에서 태어나 하버드대학교에서 철학을 전공했고, 1960년부터 매사추세츠 공과대학교(MIT)에서 철학 강의를 했다. 당시 드레이퍼스는 컴퓨터가 인간 지성을 대체하는 미래상을 향한 MIT 학생들의 열광을 경험했다. 드레이퍼스로 하여금 AI 연구와 본격적으로 대결하게 한 계기는 동생 스튜어트 드레이퍼스(Stuart Dreyfus)에게서 왔다. 스튜어트는 수학과 프로그래밍을 공부했으며 당시 랜드연구소(RAND Corporation)에서 컴퓨터 조니악(JOHNNIAC)의 프로그래밍을 하고 있었다. 1957년부터 "인지 시뮬레이션(Cognitive Simulation)"이라는 표제하에 AI를 개발해 온 랜드연구소는 스튜어트를 통해 드레이퍼스에게 이 작업에 대한 철학적 자문을 하고 싶다는 의사를 전했다. MIT에서와 마찬가지로 랜드연구소에도 AI에 대한 낙관적 열광이 있었다. 그들은 머지않아 인간 정신이 다룰 수 있는 모든 문제를 컴퓨터가 처리할 수 있을 것이라고 보았다. 1964년 드레이퍼스는 흥분과 두려움을 품고 랜드연구소의 작업을 검토하기 시작했고, 실망과 안심을 느끼면서 검토 작업을 마쳤다. 그들의 시도가 낙관적 열광에 못 미칠 것이고, 인지 시뮬레이션 AI가 인간적 지성을 모방하지 못할 것이라고 판단했기 때문이다. 드레이퍼스는 검토 결과를 토대로 "연금술과 인공지능(Alchemy and Artificial Intelligence)"이라는 보고서를 썼다. 그 요지는 인지 시뮬레이션이 인간 지성의 핵심 특징을 구현하지 못한다는 것, 이는 인간 지성에 대한 오해 때문이라는 것이었다.

드레이퍼스의 보고서는 강력한 반작용을 맞닥뜨려야

했다. 랜드연구소가 출간을 막으려 했기 때문에 이 보고서는 1년 후에야 출간될 수 있었다. MIT의 컴퓨터 연구자들이 드레이퍼스를 가까이하지 않으려 했기 때문에 그는 학교에서도 혼자가 되었다. 그러나 시간이 지나면서 드레이퍼스의 평가가 옳았다는 사실이 드러났다. 랜드연구소의 작업과 이후 MIT의 AI 개발 기획이 모두 만족할 만한 성과를 내지 못한 채 종료된 것이다. 드레이퍼스는 "연금술과 인공지능"에 MIT의 기획에 대한 검토와 AI 연구의 지성관에 대한 철학적 고찰을 추가해 1972년 ≪컴퓨터가 하지 못하는 것: 인공 이성 비판(What Computers Can't Do: A Critique of Artificial Reason)≫이라는 책을 펴냈다. 여기서 드레이퍼스는 기존 AI 연구의 지성에 대한 관점을 "계산주의적 지성관"으로 규정하고 그것의 한계를 비판했다. 드레이퍼스의 작업은 AI 연구자들이 신경망 AI를 비롯한 다른 노선의 AI 연구로 눈을 돌리는 데 기여했다. 그러나 이 다른 노선이 주목할 만한 결과를 내놓는 데에는 아직 수십 년이 더 필요했고, 드레이퍼스가 비판한 형태의 AI 연구는 한계에도 불구하고 한동안 계속되었다.

1970년대에 개인용 컴퓨터가 발명되고 보급되면서, AI 연구자들은 개인용 컴퓨터에서 운용할 수 있는 AI 프로그램을 개발해 전문적 조언이나 교육 등에 이용하려 했다.

그러나 지성에 대한 계산주의적 관점에는 변화가 없었기에, 드레이퍼스가 보기에 이러한 프로그램의 실패도 예견된 것이었다. 이에 드레이퍼스는 동생 스튜어트와 함께 인간의 지적 수행 능력의 발달 과정에 대한 모델을 수립하고, 이 모델에 근거해 당시의 AI 개발·활용 시도를 비판적으로 고찰했다. 이러한 검토의 결과는 1986년에 ≪기계에 대한 정신의 우위(Mind Over Machine)≫로 출간되었다.

드레이퍼스와 정보 테크놀로지의 대결은 AI와의 대결에 국한되지 않았다. 1991년 대중이 월드와이드웹에 접근할 수 있게 되면서 인터넷이 인간 활동의 새로운 장으로 부상하자, 노철학자는 이에 대한 철학적 반성을 시도한다. 드레이퍼스는 인터넷 검색, 원격 교육 시스템, 인터넷 공론장, 가상현실 강의 등에 대한 직간접적 경험을 바탕으로 인터넷의 가능성과 한계를 현상학적으로 고찰했고, 그 결과를 2001년에 ≪인터넷의 철학(On the Internet)≫이라는 책으로 출간했다. 이 저작은 AI 연구를 논하지는 않지만, AI 검토 작업에서 제시되었던 인간과 인간 지성에 관한 관점을 바탕으로 정보 테크놀로지를 대하기 때문에 AI에 대한 드레이퍼스의 관점을 이해하는 데에도 도움을 준다.

드레이퍼스는 테크놀로지 비판과 더불어 순수 철학적 작업도 계속 해 나갔다. 대륙철학 전통을 기반으로 폴 라비노프(Paul Rabinow)와의 공저 ≪미셸 푸코: 구조주의와 해석학을 넘어서(Michel Foucault: Beyond Structuralism and Hermeneutics)≫(1982), 마르틴 하이데거(Martin Heidegger)의 ≪존재와 시간(Sein und Zeit)≫에 대한 해석을 담은 ≪세계-내-존재(Being-in-the-World)≫(1990), 숀 켈리(Sean Kelly)와의 공저 ≪모든 것은 빛난다(All Things Shining)≫(2011), 찰스 테일러(Charles Taylor)와의 공저 ≪실재론 되찾기(Retrieving Realism)≫(2015) 등의 저작을 출간했다. 드레이퍼스는 2017년 4월 22일, 87세를 일기로 세상을 떴다.

이력에서 알 수 있듯 드레이퍼스는 신경망 AI의 부상을 충분히 경험하지 못했다. 알파고가 이세돌 9단에게 승리하면서 신경망 AI의 저력을 세계에 알린 것은 드레이퍼스가 세상을 떠나기 직전의 일이었고, 챗GPT를 비롯한 거대 언어 모델과 DALL·E 등 생성형 AI가 세계를 동요시킨 것은 2022년 이후의 일이다. 그래서 아쉽게도 근래의 AI에 대한, 분명 흥미로웠을 드레이퍼스의 견해는 알 수 없다.

드레이퍼스의 고찰이 이처럼 GOFAI[Good Old-Fashioned AI. 20세기 후반의 주된 AI 유형을 가리키는 철학자 존 호글런드(John Haugeland)의 용어]에 국한된다면, 그것이 현재의 AI에 대한 유의미한 통찰을 줄 수 있을지

의문을 품는 사람도 있을 것이다. 이에 대해 필자는 두 가지 대답을 하려 한다. 첫째, 드레이퍼스의 비판은 지성에 대한 고찰이라는 근본적인 층위에서 이루어진다. 드레이퍼스는 AI의 구체적 메커니즘이라는 공학적 문제가 아니라 그것의 토대인 지성관이라는 철학적 문제를 다룬다. 이로써 AI 연구가 토대한 지성관의 역사적 연원, 전제, 한계를 들추어내는 동시에, 이러한 관점에 포착되지 않는 인간 지성의 특징을 현상학적으로 드러낸다. 이러한 논의는 여전히 유효하다. 둘째, GOFAI에 관한 드레이퍼스의 비판을 바탕으로 현재의 AI를 고찰할 때, 그 강점과 약점이 더 뚜렷하게 드러날 수 있다. 현재의 AI는 GOFAI를 넘어서려 했으며 실제로 어떤 면에서는 넘어섰지만, 어떤 면에서는 여전히 인간 지성에 이르지 못한 채로 있다. 따라서 드레이퍼스의 GOFAI 비판은 현재의 AI에서 무엇이 기대될 수 있고 무엇이 여전히 극복되어야 하는지 탐색하는 데 도움을 줄 것이다.

현상학: 드레이퍼스의 철학적 배경

20세기 초의 서양 철학은 크게 대륙철학과 분석철학으로 나뉜다. 분석철학은 버트런드 러셀(Bertrand Russell), 루트비히 비트겐슈타인(Ludwig Wittgenstein), 루돌프 카르나프(Rudolf Carnap) 등이 추동해 영어권에서 발달한 새로운 철학으로, 언어·논리·명료성에 중점을 둔다. 한편 대륙철학은 유럽 대륙에서 발달한 다양한 철학 조류를 통칭한다. 대륙철학의 핵심 조류 중 하나가 드레이퍼스의 철학적 배경, 현상학이다. 드레이퍼스는 하버드대학교에서 현상학을 중심으로 철학을 공부했고, 이를 바탕으로 인간 지성을 이해했으며, 이에 근거해 AI 연구에 대한 비판 작업을 수행했다. 그러므로 여기서 현상학이 어떤 철학인지 짧게 소개하면 드레이퍼스의 논의를 이해하는 데 도움이 될 것이다.

현상학의 수립자는 에드문트 후설(Edmund Husserl)이다. 후설은 "사태 자체로!"를 현상학의 모토로 제시했다. 이 표어를 통해 후설은 넓은 의미에서의 이성주의에 반대한다. 이성주의는 인간 인식의 근원이 이성에 있다고 본다. 그렇다면 이성을 통해 구축되는 개념과 명제야말로 진리를 보여 주며, 경험은 여기에 맞추어 재단되어야 한다. 후설이 보기에 이러한 태도는 사태 자체를 왜곡하고 만다. 사태에 접근하려면 이론적 구축물에서 시작해 경험에 접근해서는 안 되고, 오히려 경험에서 시작해 이론적 구축을 시도해야 한다. 그렇다면 후설은 경험주의의 편에 서는 것인가? 그렇지 않다. 경험주의는 앎의 근원이 감각 경험이며, 이를 통해 주어지는 것은 개별적인 것뿐이라고 본다. 후설이 보기에 이는 경험의 범위를 부당하게 제약하는 것이다. 후설에 따르면 감각적인 것뿐 아니라 범주적인 것도("칼" 뿐 아니라 "칼이 탁자 위에 있다"도), 개별적인 것뿐 아니라 보편적인 것도(이 빨강뿐 아니라 빨강 일반도) 경험적으로 주어진다. 우리가 탐구해야 할 사태는 이들 모두를 포함한다. 요컨대 "사태 자체로!"를 통해 후설은 보편적인 것에 관한, 그러나 사변적이지 않은 학문을 제안한다.

아울러 후설은 주체의 지향성에 대한 해명을 현상학의 주요 과제로 삼는다. 지향성은 "의식은 언제나 무엇에 대한 의식이다"라는 말로 표현된다. 더 일반적으로 말하자면 이는 주체가 본질적으로 대상과 관계함을 뜻한다. 이로써 후설은 주체와 대상의 관계에 대한 표상주의적 관점과 인과론적 관점 양자에 반대한다. 표상주의에 따르면 주체는 외부 대상을 재현하는 관념들을 지니며, 근본적으로는 이러한 관념들과만 관계한다. 그러나 그렇다면 주체가 도대체 어떻게 외부 대상과 관계할 수 있는지가 의문스러워지며, 이에 따라 표상주의는 회의주의와 유아론으로 이끌린다. 인과론적 관점에 따르면 주체는 감관을 통해 외부 사물에 인과적 영향을 받음으로써 그것을 인식한다. 이러한 생각은 상식적으로 받아들이기 쉽지만, 그렇다면 우리가 기억이나 상상의 대상 등 우리에게 인과적 영향력을 행사할 수 없는 대상을 어떻게 떠올리느냐는 난제가 생겨난다. 지향성은 주체가 자기 안의 관념이 아니라 외부의 대상과 관계한다는 점이 본질적이라는 것, 그러나 이 관계는 인과적이 아니라 고유한 방식이라는 것을 의미한다. 이에 따라 현상학은 표상주의적 관점과 인과론적 관점의 난점을 피해 간다. 지향성의 해명이란 주체가 대상과 관계하는 이러한 고유한 방식들을 밝히는 것이다.

지향성의 해명이라는 과제는 주체의 해명이라는 더 넓고 근본적인 주제와 연결된다. 주체가 중요한 것은 단순히 지향적 작용이 주체 속에 들어 있기 때문이 아니라, 주체가 다양한 지향적 작용들의 중심으로서 이들을 가능하게 하기 때문이다. 달리 말해 지향적 작용은 각각 독립적으로 대상과 관계하는 것이 아니라, 역사적 두께를 지닌 신체적 주체를 바탕으로 비로소 대상과 관계한다. 이러한 맥락에서 후설은 주체가 세계를 구성하는 중심이라는 칸트적 발상을 이어 간다.

요컨대 현상학은 폭넓은 의미에서의 경험에 근거해, 지향성을 중심으로, 주체와 세계의 관계를 밝히려는 철학적 탐구라고 할 수 있다. 후설이 놓은 이러한 현상학의 근본 틀은 막스 셸러(Max Scheler), 마르틴 하이데거, 장폴 사르트르(Jean-Paul Sartre), 모리스 메를로퐁티(Maurice Merleau-Ponty), 에마뉘엘 레비나스(Emmanuel Levinas) 등 후대의 현상학자들에 의해 수용되고, 비판적으로 검토되고, 발전했다.

흥미로운 것은, 현상학자들의 다양한 관심사와 입장 사이 모든 차이에도 불구하고, 이들이 밝힌 주체의 특성이 공히 전통적으로 철학에서 생각된 주체와 상당히 다르다는 점이다. 현상학이 밝힌 주체는 순수 정신이 아니고, 신체적으로 존재한다. 개별자와 원자적으로 관계하지 않고, 전체론적인 세계를 바탕으로 대상과 관계한다. 대상 인식을 목표로 하는 이론적 주체가 아니고, 세계를 느끼고 그에 대해 행위하는 정동적·실천적 주체다. 역사와 사회 이전에 존재해 역사와 사회를 사후에 획득하는 주체가 아니고, 언제나 이미 역사적-사회적인 주체다.

이러한 현상학적 주체관이 드레이퍼스 AI론의 배경에 있다. 드레이퍼스는 AI 연구가 전통적으로 서양에서 생각된 지성관, 이론적이고 추상적이며 원자론적이고 정신적인 지성관에 토대하고 있음을 간파한다. 그러나 현상학적 주체관이 드러내듯, 인간 지성은 이러한 종류의 지성에 국한되지 않는다. AI 연구가 이 점을 간과했기 때문에 한계에 봉착했다는 것이 드레이퍼스의 요지다.

이 책의 구성

이 책은 드레이퍼스의 AI 검토 작업에 집중해, 이를 열 가지 키워드로 소개한다.

1장 "생각하는 기계"는 GOFAI의 이념과 역사를 간략히 소개한다. 먼저 앨런 튜링(Alan Turing)이 어떻게 디지털 컴퓨터와 AI의 기초를 마련했는지 설명한다. 튜링 기계라는 발상은 컴퓨터 개발을 가능하게 했고, 튜링 테스트라는 발상은 '생각하는 기계'라는 개념을 가능하게 했다. 이를 바탕으로 1950년대에 GOFAI 연구가 시작되었다. 1장에서는 20세기 후반에 시도되었던 여러 가지 GOFAI 연구를 개관한다.

2장 "컴퓨터가 하지 못하는 것"은 GOFAI의 실패를 다룬다. GOFAI는 언어, 게임, 문제 풀이, 패턴 인식이라는 분야들에 도전했다. 이 도전은 처음에는 성과를 드러내는 듯했으나, 과제가 조금 더 복잡해지면서 곧 실패했다. 드레이퍼스는 인간 지성이 과제를 성공적으로 수행할 때 어떤 방식으로 작동하는지를 부각하고, GOFAI는 이런 방식으로 작동하지 않음을 밝힌다.

이에 대응해 AI 연구자는 AI의 실패 원인을 구현 방식의 불충분성에 돌릴 수 있다. 즉 자신들의 이론적 토대에는 문제가 없고, 적절한 구현 방법만 찾는다면 성공할 수 있을 것이라며 자신을 방어할 수 있다. 이에 대항해 GOFAI의 실패가 경험적이고 우연적인 것이 아니라 본질적인 것임을 드러내려면, GOFAI의 구현이라는 공학적 층위가 아니라 GOFAI의 이념이라는 철학적 층위에서 반성을 행할 필요가 있다. 이에 드레이퍼스는 GOFAI의 실패 원인을 그 토대인 지성에 대한 특정한 관점에서 찾으려 한다.

이 관점이 '계산주의적 지성관'으로, 3장과 4장의 주제다. 3장 "계산주의적 지성관"은 이러한 관점이 어떤 것인지 설명하고, 이 관점이 철학사적으로 뿌리 깊은 발상임을 보여 준다. 드레이퍼스가 보기에 계산주의적 지성관은 AI 연구자들의 창안이 아니다. 철학사의 시작에서부터 발견되는 관점을 예리하게 다듬은 것이다.

4장 "계산주의적 지성관을 위한 가정들"에서는 계산주의적 지성관의 정당성에 대한 드레이퍼스의 비판을 살펴본다. 드레이퍼스는 계산주의적 지성관을 정당화하기 위한 현대의 가정들을 생물학적, 심리학적, 인식론적, 존재론적 가정으로 나누어 검토한다. 이러한 작업을 통해 드러나는 것은, 계산주의적 지성관이 자명하지도 않고 증명되지도 않았으나 모종의 혼동으로 지탱되며 경험과학의 성공 덕에 받아들여지고 있다는 사실이다.

이로써 드레이퍼스가 행한 인공 이성 비판 작업의 부정적 부분이 설명된다. 그러나 인간 지성이 전통적으로 생각되어 온 것처럼 계산주의적이 아니라면, 우리가 인간 지성을 어떻게 다뤄야 하느냐는 물음이 제기된다. 이에 대답하는 실정적 논의가 없다면 인공 이성 비판은 파괴적인 기능에 머무를 것이다. 5장부터 8장은 드레이퍼스의 인공 이성 비판의 실정적 내용을 제시한다.

인간 지성에 관한 드레이퍼스 자신의 관점은 현상학적 전통에 바탕을 둔다. 드레이퍼스는 현상학이 드러낸 인간 지성의 세 가지 특징을 부각한다. 5장부터 7장까지는 이 특징들을 차례로 설명하며, 이때 드레이퍼스의 논의만이 아니라 그것이 의거하는 현상학자들의 고찰 또한 소개한다.

첫 번째 특징은 '세계성'이다. 인간의 세계성은 인간이 대상을 맥락과 독립적으로 우선 파악하고서 그로부터 세계를 구축하지 않고, 오히려 익숙한 세계를 바탕으로 대상을 마주침을 의미한다. 5장 "인간의 세계성"은 후설과 하이데거의 지평과 세계 개념을 바탕으로 인간의 세계성을 설명한다.

두 번째 특징은 '신체성'이다. 이는 인간 지성이 신체적으로 작동함을 뜻하며, 인간이 본질적으로 정신적 존재고 신체는 도구에 불과하다는 전통적 철학의 관점에 대립한다. 6장 "인간의 신체성"은 후설과 메를로퐁티의 신체에 대한 탐구를 바탕으로 인간의 신체성을 살펴본다.

세 번째 특징은 '목적성'이다. 인간 지성의 활동은 일종의 실천이기도 하며, 그렇기 때문에 목적의 인도를 받는다. AI는 미리 주어진 독립적이고 고정된 목표를 지니는 반면, 인간 지성은 활동 속에서 목적을 창조적으로 발견한다. 이는 때로 세계의 재조직화까지 요구한다. 7장 "인간의 목적성"에서 이러한 내용을 설명한다.

8장 "기량"은 1980년대에 드레이퍼스가 동생 스튜어트와 함께 발전시킨, 기량의 발달 단계 이론을 설명한다. 이 이론은 전술한 인간 지성의 세 가지 특징을 전제한다. 기량은 인간이 세계 속에서 목적을 창조적으로 발견하면서 신체적으로 활동하는 방식이기 때문이다. 기량의 발달 단계 이론에 따르면 발달 과정에서 기량은 양적으로 증대하기만 하는 것이 아니라 그 유형 자체가 변화한다. 요컨대 지적 기량을 포함한 인간적 기량은 독립적 요소들에 대한 논리적 계산에서 직관으로, 계산주의적 지성에서 비계산주의적 지성 즉 직관적 지성으로 발달한다.

계산주의적 지성과 인간 지성의 특징과 차이에 대한 이해를 바탕으로 드레이퍼스는 GOFAI가 계산주의적 지성을 넘어 직관적 지성을 요하는 영역에는 적합하지 않음을 명료하게 밝힌다. 그런데 계산주의적 지성관은 AI 연구라는 제한된 영역만이 아니라 사회 일반에 영향을 끼칠 수 있다. 사회가 계산주의적 지성만을 강조하고 배려함으로써 뛰어난 기량 발휘에 요구되는 직관적 지성이 상실될 수 있기 때문이다. 9장 "GOFAI의 한계와 직관적 기량의 상실"은 드레이퍼스의 이러한 평가와 경고를 다룬다.

현재 열광과 두려움을 불러일으키고 있는 AI는 GOFAI가 아니라 인간 뇌의 모방에 기초한 신경망 AI다. GOFAI와 인간의 지성에 대한 드레이퍼스의 고찰이 신경망 AI에 대한 검토에 기여할 수 있을 때, 드레이퍼스의 AI론은 현재성을 띨 것이다. 10장 "신경망 AI와 AI의 미래"는 드레이퍼스의 AI론을 현재의 AI에 적용해 보려는 시도다. 여기서는 신경망 AI의 원리를 소개하고, 신경망 AI에 대해 드레이퍼스가 남긴 약간의 소견과 그의 AI론을 바탕으로 AI의 미래를 전망한다.

참고문헌

Dreyfus, H.(1972). *What Computers Can't Do: A Critique of Artificial Reason.* New York, NY: Harper & Row.

Dreyfus, H.(1979). *What Computers Can't Do: The Limits of Artificial Intelligence*(Revised Edition). New York, NY: Harper & Row.

Dreyfus, H.(1991). *Being-in-the-World: A Commentary on Heidegger's Being and Time*(Division I). Cambridge, MA: MIT Press.

Dreyfus, H.(1992). *What Computers Still Can't Do: A Critique of Artificial Reason.* Cambridge, MA: MIT Press.

Dreyfus, H.(2009). *On the Internet*(Second Edition). London; New York, NY: Routledge. 최일만 옮김(2015). ≪인터넷의 철학≫. 필로소픽.

Dreyfus, H. & Dreyfus, S.(1986). *Mind Over Machine: The Power of Human Intuition and Expertise in the Era of the Computer.* New York, NY: Free Press.

Dreyfus, H. & Kelly, S.(2011). *All Things Shining: Reading the Western Classics to Find Meaning in a Secular Age.* New York, NY: Free Press.

Dreyfus, H. & Rabinow, P.(1983). *Michel Foucault: Beyond Structuralism and Hermeneutics.* Chicago, IL: The University of Chicago Press.

Dreyfus, H. & Taylor, C.(2015). *Retrieving Realism.* Cambridge, MA: Harvard University Press.

Haugeland, J.(1985). *Artificial Intelligence: The Very Idea.* Cambridge, MA: MIT Press.

Husserl, E.(1976). *Ideen zu einer reinen Phänomenologie und phänomenologischen Philosophie. Erstes Buch. Allgemeine Einführung in die reine Phänomenologie: 1. Halbband. Text der 1.–3. Auflage*. Den Haag: Martinus Nijhoff. 이종훈 옮김(2021). ≪순수현상학과 현상학적 철학의 이념들 1≫. 한길사.

차례

일러두기

- 인명, 작품명, 저서명, 개념어 등은 한글과 함께 괄호 안에 해당 국가의 원어를 병기했습니다.
- 외래어 표기는 현행 어문규정의 외래어표기법을 따랐습니다.

01
생각하는 기계

앨런 튜링은 모든 계산을 할 수 있는 보편 튜링 기계를 고안했고, 이를 바탕으로 디지털 컴퓨터가 발명되었다. 또한 튜링은 기계가 생각할 수 있느냐는 물음을 튜링 테스트로 대체하기를 제안했고, 이는 컴퓨터를 통해 지성을 구현하려는 시도를 가능하게 했다. AI 연구자들은 1950년대부터 인지 시뮬레이션과 의미론적 정보 처리 등 다양한 방식으로 지성의 구현에 도전했다. 그러나 이러한 시도들은 지적 기계의 개발이라는 목표에 미치지 못했다.

보편 튜링 기계와 디지털 컴퓨터

1936년 영국의 수학자 앨런 튜링은 논문 "계산 가능한 수에 관하여(On Computable Numbers)"에서 어떤 기계의 개념을 제시했다. 이 기계는 네 가지 요소로 구성된다. 첫째는 상태다. 기계는 유한한 수의 상태들 중 하나에 있다. 둘째는 테이프다. 테이프는 무한히 길고, 원고지처럼 칸들로 나뉘어 있으며, 각 칸은 비어 있거나 기호 하나를 담을 수 있다. 셋째는 스캐너다. 스캐너는 테이프에 관해 네 가지 행동을 할 수 있다. 테이프 한 칸에 있는 기호를 읽기, 한 칸의 기호를 지우기, 한 칸에 기호를 쓰기, 한 칸 왼쪽 또는 한 칸 오른쪽으로 이동하기가 그것이다. 여기에 더해 스캐너는 기계의 상태를 바꾸는 행동도 할 수 있다. 넷째는 명령표다. 여기에는 기계가 어떤 상태에서 어떤 기호를 읽었을 때 어떤 행동을 수행해야 하는지가 기록되어 있다. 이러한 기계를 우리는 튜링 기계라고 부른다.

튜링 기계의 모든 요소는 단속적(discrete)이다. 즉 그것의 상태에도, 그것이 읽는 기호에도, 그것이 수행하는 명령에도 애매성이나 모호성은 없다. 또한 튜링 기계는 단선적이다. 그것은 동시에 여러 행동을 하지 않고, 명령을 한 번에 하나씩 차례로 처리한다. 이러한 방식으로 튜링 기계는 어떤 값을 입력받은 후 규칙을 단계적으로 적용해 결괏값을 낸다. 이것이 계산이다. 튜링 기계는 적은 수의 요소만을 가진 단순한 기계지만, 계산할 수 있는 모든 것은 튜링 기계를 통해 계산될 수 있다.

튜링 기계는 미리 준비된 명령표에 따라서 계산을 한다. 그러므로 다른 명령표를 준비한다면 다른 계산을 하는 튜링 기계가 만들어질 것이다. 튜링은 여기서 한 발짝 더 나아간다. 우리가 명령표를 모종의 방식으로 번역해 테이프에 기록할 수 있다면 어떻게 될까? 테이프에 기록된 명령표를 번역 수행하기 위한 명령표를 튜링 기계에 준비해 둔다면 어떻게 될까? 이때 튜링 기계에 이러이러한 계산을 시키려 한다면 그 계산을 위한 명령표를 번역해 기록한 테이프를 기계에 넣으면 된다. 다른 계산을 시키려 한다면 다른 명령표를 기록한 테이프를 넣으면 된다. 요컨대 이러한 가정하의 튜링 기계는 튜링 기계가 할 수 있는 모든 일을 할 수 있다. 이러한 기계를 우리는 **보편 튜링 기계**(universal Turing machine)라고 부른다.

현대 디지털 컴퓨터에 익숙한 우리는 보편 튜링 기계와 컴퓨터의 유사성을 어렵지 않게 알아볼 수 있을 것이다. 테이프에 기록된 명령표는 디스크에 저장된 프로그램에 상응한다. 명령표를 읽고 명령을 수행하는 행동은 컴퓨터가 디스크에서 프로그램을 읽어 명령으로 번역해 수행하는 것에 상응한다. 컴퓨터는 프로그램화될 수 있는 모든 작업을 수행할 수 있는 보편 기계다. 컴퓨터와 보편 튜링 기계가 유사한 것은 컴퓨터가 보편 튜링 기계를 바탕으로 설계되었기 때문이다. 튜링의 논문에 대해 잘 알고 있던 헝가리 출신 미국 수학자 존 폰 노이만(John von Neumann)은 개념적 차원에서 제시된 보편 튜링 기계의 아이디어를 구현 가능한 방식으로 구조화한다. 그 결과가 폰 노이만 구조다. 폰 노이만 구조를 바탕으로 현대 디지털 컴퓨터가 발명될 수 있었다. 컴퓨터는 보편 튜링 기계의 구현이다. 보편 튜링 기계와 마찬가지로 컴퓨터(computer)가 하는 일은 궁극적으로 계산(computation)이다.

"기계가 생각할 수 있는가?"

기계가 대개 그러하듯이 튜링 기계도 인간을 모방해 고안되었다. 튜링 기계가 모방한 것은 인간 '컴퓨터'의 활동이었다. 인간 컴퓨터는 계산을 전문적으로 담당하는 직업인(계산원)을 가리킨다. 디지털 컴퓨터가 발명되기 전에 '컴퓨터'라는 단어는 인간 컴퓨터를 뜻했다. 인간 컴퓨터는 펜과 종이를 사용해 주어진 값과 식에 순차적으로 규칙을 적용해 결괏값을 산출한다. 튜링 기계, 더 나아가 디지털 컴퓨터의 계산은 이러한 인간 컴퓨터의 활동을 모방하고 추상화한 것이다.

여기서 모방된 것이 무엇인지가 중요하다. 그것은 인간 컴퓨터의 눈과 손이 아니다. 종이와 펜을 다루는 움직임도 아니다. 뇌의 생물학적 활동도 아니다. 디지털 컴퓨터에는 이 모든 것이 없다. 그럼에도 디지털 컴퓨터가 하는 일은 인간 컴퓨터가 하는 일과 비슷해 보인다. 여기서 모방된 것은 계산이라는 인간의 지적 활동이다. 즉 펜, 종이, 눈과 손 같은 물질적 조건으로부터 추상된 순수 정신적 활동이다. 그렇기에 컴퓨터의 발명이 인간 지성의 구현으로서 AI라는 발상으로 이어진 것은 자연스러운 일이다. 다만 이를 위해서는 몇몇 단계들이 더 필요했다.

첫째로 필요했던 것은 "기계가 생각할 수 있는가"라는 물음을 형이상학적·종교적·생물학적 의미로부터 떼어 내는 일이었다. 이러한 의미들에 머무를 때 생각을 행할 수 있는 것은 영혼이나 뇌뿐이므로 저 물음에 대한 대답은 이미 "아니요"로 결정되어 있다. 여기서 튜링이 다시 중요한 기여를 한다. 1950년 튜링은 논문 "계산하는 기계와 지성(Computing Machinery and Intelligence)"에서 "기계가 생각할 수 있는가"라는 물음을 이해하는 다른 방식을 제안한다. '튜링 테스트' 또는 '모방 게임'이 그것이다. 모방 게임에서 컴퓨터는 인간을 따라 하려 한다. 이때 인간 검사자는 키보드를 사용해 모니터 너머의 상대와 대화하고, 이 대화를 통해서 자신이 인간과 대화하는지 컴퓨터와 대화하는지 알아내려 한다. 인간 검사자가 컴퓨터와 대화하고 난 뒤에도 상대방이 인간이라고 생각할 때, 이 컴퓨터는 모방 게임을 통과한 것이다. 즉 "기계가 생각할 수 있는가"라는 물음을 모방 게임에서 컴퓨터가 인간으로 착각할 정도로 충분히 인간적인 결과를 내느냐는 물음으로 대체하자는 것이 튜링의 제안이다. 이러한 제안을 받아들인다면, 생각하는 기계에 관한 물음은 행위 결과를 통해 검증 가능한 물음이 된다. 그렇다면 우리가 기계에 대해서 "그것은 생각할 수 있다"라든가 "그것은 지성을 지닌다"라는 말을 쓰지 못할 이유가 없다.

둘째로 필요했던 것은 알고리듬(algorithm)이 아니라 휴리스틱(heuristic)을 이용하는 방식이다. 튜링 기계는 엄밀하게 규정된 유한한 수의 일련의 절차를 통해 문제를 푼다. 이러한 방식이 알고리듬이다. 알고리듬은 결정론적이고 정확하며, 튜링 기계를 통해 완벽하게 구현될 수 있다. 그러나 알고리듬을 AI 개발에 이용하는 데에는 문제가 있다.

우선 알고리듬은 정확하기는 하지만 자원과 시간이 많이 든다. 또한 실제 인간은 알고리듬적으로 문제를 풀지 않는다. 삶 속에서 문제를 풀 때 인간은 정확하고 결과가 보장된 규칙이 아니라 틀릴 수도 있지만 지금 상황에 충분히 의지할 만한 규칙을 사용한다. 이러한 방편적 규칙(rule of thumb)을 이용하는 것이 휴리스틱이다. 휴리스틱을 통해 우리는 자원과 시간을 아낄 수 있을 뿐 아니라, 알고리듬이 존재하지 않거나 알려지지 않은 문제도 풀 수 있다.

AI를 구현하기 위한 시도들

이러한 생각을 바탕으로 컴퓨터를 통해 지성을 구현하려는 시도가 1950년대에 시작되었다. 1957년 랜드연구소의 앨런 뉴얼(Allen Newell), 존 클리퍼드 쇼(John Clifford Shaw), 허버트 사이먼(Herbert Simon)은 휴리스틱을 통해 AI를 구현하려는 기획을 시작했다. 이들은 인간이 문제를 풀 때 사용하는 방편적 규칙을 알아내서 컴퓨터가 그것을 모방하게 하려 했다. 그래서 이 기획은 인지 시뮬레이션이라고 불렸다. 한편으로 이들은 언어, 체스, 패턴 인식 등 특정 분야의 문제를 풀 수 있는 프로그램을 설계하려 했다.

다른 한편으로는 일반적 문제 해결자, 즉 특정 분야에 한정되지 않고 문제 일반을 풀 수 있는 프로그램을 목표로 삼았다. 그 프로그램은 임시적 해법에서 시작해 시행착오를 거쳐 더 나은 해법을 찾아 나갈 것이었다. 인지 시뮬레이션은 단순한 과제에서 성과를 보였고, 희망적 전망을 낳았다. 그러나 문제의 복잡성이 높아지자마자 그 시도는 벽에 부딪혔다.

1962년 MIT에서는 마빈 민스키(Marvin Minsky)와 시모어 패퍼트(Seymour Papert)가 의미론적 정보 처리(Semantic Information Process)라는 기획을 시작했다. 이들은 인지 시뮬레이션과 다른 길을 가고자 했다. AI를 게임이라는 추상화된 문제에 제한하려 하지 않았고, 실제 인간의 방편적 규칙을 모방하려 하지도 않았다. 그 대신 AI가 실제 세계와 유사한 환경에 대해 실제 세계에서와 유사한 반응을 보이게 하려 했다. 그러나 처음부터 방대한 실제 세계에서 시작할 수는 없었기에 한정된 세계에서 시작했다. 또한 AI가 일반적으로 잘 작동하게 하기 위한 규칙 대신 한정된 세계에서 그럴듯한 반응을 낳게 하기 위한 자의적 규칙을 도입했다. 의미론적 정보 처리 기획은 이러한 제약하에서는 성공적인 결과들을 산출했다. 그러나 이러한 임의적 제약을 풀고 AI가 더욱 일반적인 세계에서 성공적으로 작동하게 하는 데에는 이르지 못했다.

AI에 대한 드레이퍼스의 고찰은 이러한 시도들을 검토하는 데서 출발한다. 드레이퍼스의 검토는 기술적 층위나 공학적 층위에서 이루어지지 않고, 이들 작업이 기반한 지성관 자체를 목표로 삼는다. 따라서 드레이퍼스의 논의는 AI만이 아니라 인간 지성 자체를 건드린다. 우리는 인간이 어떤 지성을 지니는지에 비추어서만 AI의 지성을 평가할 수 있기 때문이다. 인지 시뮬레이션이나 의미론적 정보 처리 기획을 비롯한 GOFAI 연구가 과거의 것이 된 지금에도 드레이퍼스의 AI 비판이 유의미한 것은, 드레이퍼스가 이처럼 철학적이고 근본적인 차원에서 지성을 검토하기 때문이다.

참고문헌

Dreyfus, H.(1972). Ch. 1. Phase I(1957–1962) Cognitive Simulation & Ch. 2. Phase II(1962–1967) Semantic Information Processing. *What Computers Can't Do: A Critique of Artificial Reason.* New York, NY: Harper & Row.

Dreyfus, H. & Dreyfus, S.(1986). Ch. 3. Artificial Intelligence: From High Hopes to Sober Reality. *Mind Over Machine: The Power of Human Intuition and Expertise in the Era of the Computer.* New York, NY: Free Press.

Minsky, M.(ed.)(1968). *Semantic Information Processing.* Cambridge, MA; London: MIT Press.

Newell, A. & Simon, H.(1961). Computer Simulation of Human Thinking. *Science, New Series, 134*(3495), pp. 2011–2017.

Turing, A.(2004). *The Essential Turing.* Copeland, B. J.(ed.). Oxford: Oxford University Press.

02
컴퓨터가 하지 못하는 것

맨 처음 AI에 주어진 과제는 게임 수행, 언어 처리, 문제 풀이, 패턴 인식이었다. 이러한 과제들을 처리할 때 인간은 가장자리 의식을 통해 모호성을 적절한 정도로 허용하면서 본질적인 것과 비본질적인 것을 구별하고 대상과 상황을 직관적으로 분류한다. AI는 이 중 어느 것도 하지 못했다.

가장자리 의식

두 고전적인 AI 기획, 인지 시뮬레이션과 의미론적 정보 처리는 게임(특히 체스), 언어, 문제 풀이, 패턴 인식이라는 네 가지 분야에 주력했다. 이 네 분야 모두에서 AI는 과제가 단순할 때에는 그것을 잘 수행했으나, 과제의 복잡성이 높아지면 금방 한계를 드러냈다. 드레이퍼스는 이러한 실패의 원인을 알아내기 위해 AI의 과제 수행 방식과 인간 지성의 수행 방식을 대조한다. 여기서 인간이 과제를 해결하기 위해 활용하는 지성의 고유한 방식이 AI에서 구현되지 않고 있음이 드러난다. 이 방식이 바로 "컴퓨터가 하지 못하는 것"이다.

먼저 체스를 보자. 체스를 두는 지능은 어떻게 작동시켜야 할까? 가장 생각하기 쉬운 방법은, 모든 선택지를 생각하고 비교해 가장 좋은 것을 선택하는 식으로 작동시키는 전략일 것이다. 이러한 전략에 기반한 AI는 단순한 수준에서는 성공적이었다. 문제는 상황이 복잡해지면 선택지가 기하급수적으로 늘어나, 컴퓨터가 처리할 수 있는 수준의 계산을 금방 넘어선다는 데 있다. 사실 이 문제 자체는 컴퓨터의 성능 향상을 통해 완화될 수 있다. 1997년 체스 컴퓨터 디프블루(Deep Blue)는 초당 2억 개의 위치를 계산하는 가공할 능력으로 세계 챔피언 가리 카스파로프(Garri Kasparov)를 꺾을 수 있었다. 더 깊은 수수께끼는, 실제 인간은 체스를 둘 때 이러한 계산을 요하지 않는 것 같다는 점이다. 인간 체스 선수는 그리 많은 선택지를 검토하지 않는다. 인간은 체스판을 보고서 무관한 배치들을 건너뛰고 곧바로 유관한 배치들에 집중한다. 드레이퍼스의 표현을 쓰자면, 유관한 배치들을 조준한다(zero in on). 인간의 수 계산은 조준 후에야 시작된다. 그래서 인간 체스 선수는 100수 남짓을 계산하고서도 좋은 선택을 할 수 있다.

선수는 조준을 행하지만, 조준의 기준이나 과정을 명시하지는 못한다. 조준은 심리학자 윌리엄 제임스(William James)의 표현을 빌리자면 의식의 가장자리(fringe of consciousness)에서, 현상학자 에드문트 후설의 개념을 빌리자면 배경의식(Hintergrundbewusstsein)에서 일어난다. 가장자리 의식 또는 배경의식은 우리가 어떤 것을 명시적으로 (지각, 기억, 상상, 예상 등의 방식으로) 떠올리지는 않으면서도 염두에는 두는 방식을 가리킨다. 예를 들어 우리가 책의 앞면을 볼 때 우리는 책의 두께를 지각하기는커녕 명시적으로 예상하지도 않는다. 그럼에도 그 책을 집으려 할 때 우리는 종이 한 장을 집듯이 손가락을 내밀지 않고 적당한 두께를 집을 수 있는 방식으로 손의 형태를 취한다.

즉 우리는 책의 앞면만을 보면서도 책의 두께를 의식한다. 이는 의식의 가장자리 또는 배경에서 암묵적으로 이루어진다. 조준도 마찬가지로 의식의 가장자리에서 일어난다.

그러나 명시적 의식과 가장자리 의식의 차이는 의식이 명시적이냐 암묵적이냐에만 있지 않다. 만약 그렇다면 인간은 가장자리 의식에서도 명시적 의식에서와 마찬가지로 계산을 하고 있을 것이다. AI 연구자들은 그렇게 가정했다. 드레이퍼스가 보기에 이는 잘못된 가정이다. 그 이유는 다음과 같다. 첫째, 그 가정이 타당하다면 명시적 의식의 휴리스틱처럼 조준의 휴리스틱이 발견되고 명시될 수 있어야 할 것이다. 그러나 조준을 위한 방편적 규칙을 밝히려는 시도는 성공하지 못했다. 둘째, 계산이 암묵적으로도 일어날 수 있다면 우리는 왜 마지막에 와서는 계산이 명시되어야 하는지 알 수 없다. 무의식도 계산적으로 작동한다면 무의식적 계산이 착수를 결정하는 데까지 이르는 것도 가능하지 않겠는가? 그러나 인간은 암묵적 조준 후에는 명시적 수 계산을 해야 하는 듯하다. 요컨대 가장자리 의식에서는 계산과 다른 무언가가 수행되는 듯하며, 이를 컴퓨터는 행하지 못하는 것 같다.

모호성 용인

언어를 이해하는 AI를 만들려는 시도에서 드레이퍼스는 또 다른, 그러나 가장자리 의식과 관련된 인간 특유의 방식을 발견한다. 인간이 모호성을 용인하면서 언어를 이해한다는 점, 달리 말해 인간이 언어를 이해하려 할 때 모든 요소를 일의적인 데까지 규정하지는 않는다는 점이 그것이다. 이러한 방식은 언어의 모든 부분에 침투해 있다. 무엇이 문법적인 것이고 무엇이 문법적이지 않은지는 날카롭게 정의될 수 없다. 문법이 어떤 식으로 실현되어야 하는지도 예리하게 정의될 수 없다. 심지어 단어의 정의도 수학이나 물리학 등의 인공적으로 정교화한 언어가 아니라면 명료하지 않다. "내 가까이 있어"라는 말은 내 손을 잡고 있으라는 의미일 수도 있고, 걸어서 갈 수 있는 공원에 머무르라는 의미일 수도 있으며, (가령 우주비행사들 간 교신이라면) 1킬로미터 이내에 있으라는 의미일 수도 있다.

물론 과도한 모호성은 의사소통에 문제를 야기한다. "가까이"의 의미가 불명확할 때, 우리는 "얼마나 가까이?"라고 물어 모호성을 감소시킬 것이다. 그러나 대개 우리는 그것을 일의성의 수준까지 감소시키지 않는다. 우리는 의사소통하고 상호작용하기에 충분한 정도까지만 모호성을 감소시키며, 그 이하의 모호성은 용인한다.

모호성의 용인도 프로그래밍될 수 있지 않을까? 우리는 세계 속의 신호들을 통해 모호한 언어에 대처한다. 사람이 많은 놀이공원에서 함께 있는 연인에게 말하는 "내 가까이 있어"와 친구와 만나기 위해 전화를 하면서 말하는 "내 가까이 있어"가 적절한 방식으로 서로 다르게 이해되는 것은 대화의 상황 그리고 대화상대자와의 관계라는 신호에 의해서다. 그렇다면 우리가 신호를 이용하는 규칙을 발견한 후 이를 AI에서 구현하면 되지 않겠는가?

그러나 이는 불가능하다. 세계에는 유의미한 신호가 될 수 있는 것이 한없이 많기 때문이다. "내 가까이 있어"라는 말을 할 때, 우리에게 주어지는 신호는 무수히 많다. 날씨, 기온, 장소, 시간, 요일, 계절, 말의 목적, 말투, 대화상대자와의 관계, 대화상대자의 나이 등 온갖 요소가 말의 의미에 영향을 끼칠 수 있다. 그러므로 무수한 신호들로부터 유관한 신호를 걸러 내는 규칙이 먼저 필요할 것이다. 그런데 이러한 규칙이 있다면 그 규칙을 위한 상황이 다시 필요해질 것이고, 이는 다시 규칙을 요구할 것이다. 이처럼 무한소급에 빠지지 않으려면 어떤 층위에서는 더 이상 규칙에 의거하지 않고 조준의 방식으로 걸러 내기를 행해야 한다. 의미의 모호성 용인을 해결하기 위해 발화의 맥락을 고려하게 하려는 시도는 무한소급으로 이끌거나, 조준으로 이끈다. 그래서 모호성의 용인도 컴퓨터가 하지 못하는 것으로 남는다.

본질적인 것과 비본질적인 것의 구별

문제 해결 AI에서 드레이퍼스는 컴퓨터가 하지 못하는 또 다른 것을 발견한다. 인간이 문제를 푸는 과정에서 비본질적인 것으로부터 본질적인 것으로 이행하는 일이 그것이다. 이는 일반적 문제 해결자(General Problem Solver, GPS)의 문제 해결 절차와 인간의 문제 해결 절차 간 차이에서 잘 드러난다. 드레이퍼스는 인간이 문제 해결 과정에서 자신이 규칙을 잘못 적용했었음을 깨닫는 사례에 주목한다. 이때 인간은 방금 잘못을 했음을 깨달을 뿐 아니라, 이전의 어떤 사례들에서 잘못을 했었음도 깨닫는다. 이러한 일은 GPS에서는 일어나지 않는다. GPS가 오류를 검증하는 한 가지 방식은 매번 검증을 하는 것이다. 이 경우 규칙을 잘못 적용하다가 나중에 이를 깨닫는 것은 불가능하다. 다른 방식은 오류 검증을 무작위로 하는 것이다. 이 경우 규칙을 잘못 적용하고도 넘어간 뒤 다음번에 규칙을 잘못 적용했음을 깨닫는 것은 가능하겠지만, 이와 함께 앞서 잘못 적용한 경우를 떠올리는 것은 불가능하다. 인간이 앞서 잘못 적용한 경우까지 떠올릴 수 있는 것은, 잘못을 했음을 깨닫는 순간 더 본질적인 층위로 이행하고, 이 층위로부터 앞서 수행한 것을 재검토하기 때문이다.

비본질적인 것에서 본질적인 것으로 이행한다는 것은 현상의 기저에 있는 더욱 보편적인 차원으로 옮겨 감을 뜻한다. 이러한 능력을 게슈탈트 심리학자들은 "통찰"이라고 불렀다. 모호성 용인과 비슷한 이유로 본질적인 것의 식별도 명시적 규칙에 따라 이루어질 수 없다. 본질적인 것의 식별 규칙은 상황에 의거하는데, 상황 속의 무한한 요소 중에서 본질적인 것의 식별에 유관한 것을 선별하는 데 다시 규칙이 요구되기 때문이다.

본질적인 것의 식별은 문제를 푸는 데 반드시 필요하다. 가령 배 하나로 사람과 사자를 강 건너편으로 옮기는 문제를 풀려 한다면, 여기서 배의 속도가 비본질적임을 알아야 한다. 반면 이동 시간을 고려해야 하는 다른 문제에서는 배의 속도가 본질적일 것이다. 이를 식별하지 못한다면 AI는 문제 풀이 과정에서 비본질적 요소들 사이에서 헤매게 된다. AI 설계자들도 이를 알고 있었다. 그래서 그들은 본질적인 것과 비본질적인 것의 구별을 프로그램에 미리 탑재

했다. 이로써 AI 프로그램은 해당 과제에서 본질적인 것에 집중해 문제를 해결할 수 있게 되었다. 그러나 인간 지성의 핵심은 본질적인 것과 비본질적인 것을 구별하는 능력 자체에 있다. 이 능력은 설계자들이 보유하고 컴퓨터는 갖지 못한 것으로 남겨졌다.

명백한 분류

드레이퍼스는 패턴 인식에서 앞서 살핀 인간 지성의 세 특징이 모두 작동함을 발견한다. 패턴 인식은 무수한 요소들 중 유관한 요소들을 골라내는 데서 시작한다. 이는 가장자리 의식에서의 조준을 통해 수행된다. 대개 우리는 패턴을 파악할 때 요소들을 명시적으로 식별하거나 계산하지 않는다. 이는 우리가 패턴의 비슷함을 파악할 때 그 기준을 열거하지는 못한다는 점에서 드러난다. 패턴 인식의 더욱 극단적인 경우에는 사례 모두를 아우르는 통일적 특성이 없을 수 있다. 비트겐슈타인이 말하는 '가족유사성(Familienähnlichkeit)' 개념이 이러한 경우를 표현한다. 가족이 닮았다고 할 때 어머니는 아들과, 아버지는 딸과, 아들은 딸과 닮았지만 정작 이 네 사람에 공통되는 특징은 없을 수도 있다는 것이다.

패턴을 인식할 때 우리가 모호성을 용인한다는 점도 명확하다. 패턴의 공통성을 이루는 곡률이나 색은 날카롭게 일의적으로 제시될 필요가 없다. 충분한 유사성이 있기만 하다면 곡률이나 색에 조금 차이가 있더라도 우리는 문제없이 패턴의 유사성을 인식한다.

패턴 인식에서 본질적인 것과 비본질적인 것의 구별이 작용한다는 점 역시 명백하다. 패턴의 모든 변화가 우리의 인식에 같은 영향을 끼치는 것은 아니기 때문이다. 비본질적인 것, 가령 화질·잡티·크기 등이 변화하더라도 우리는 문제없이 패턴을 인식한다. 그러나 본질적인 것, 가령 선의 형태가 변화한다면 패턴은 다른 패턴이 되고 만다.

이처럼 가장자리 의식에서의 조준, 모호성 용인, 본질적인 것과 비본질적인 것의 구별을 통해 패턴을 인식하는 지적 작업을 드레이퍼스는 '명백한 분류(perspicuous grouping)'라고 부른다. 이 역시 컴퓨터가 하지 못하는 것이다.

참고문헌

Dreyfus, H.(1972). Ch. 1. Phase I(1957–1962) Cognitive Simulation. *What Computers Can't Do: A Critique of Artificial Reason.* New York, NY: Harper & Row.

Husserl, E.(1976). *Ideen zu einer reinen Phänomenologie und phänomenologischen Philosophie. Erstes Buch. Allgemeine Einführung in die reine Phänomenologie: 1. Halbband. Text der 1.–3. Auflage.* Den Haag: Martinus Nijhoff. 이종훈 옮김(2021). ≪순수현상학과 현상학적 철학의 이념들 1≫. 한길사.

James, W.(1890). *The Principles of Psychology, Vol. 1.* New York, NY: Henry Holt and Company. 정양은 옮김(2005). ≪심리학의 원리 1≫. 아카넷.

Wittgenstein, L.(1960). *Tractatus logico-philosophicus / Tagebücher 1914~1916 / Philosophische Untersuchungen.* Frankfurt am Main: Suhrkamp. 이승종 옮김(2016). ≪철학적 탐구≫. 아카넷.

03
계산주의적 지성관

GOFAI의 바탕에는 계산주의적 지성관이 있다. 이 관점에 따르면 지성은 단속적 요소들에 순차적으로 규칙을 적용해 결과를 도출하는 방식으로 작동한다. 이러한 지성관의 뿌리는 서양 철학의 시작점까지 거슬러 올라간다. AI의 성공은 이러한 지성관이 옳음을 증명할 것이었다. 그러나 AI는 인간의 지적 활동을 재현하는 데 실패해 오히려 계산주의적 지성관의 허점을 드러냈다.

GOFAI의 전제로서 계산주의적 지성관

GOFAI는 왜 실패했을까? AI 연구자들은 자신들이 구현하려는 지성과 인간의 지성이 본질적으로 같다고 생각했다. 그러므로 그들의 실패는 구현의 문제, 공학적 문제일 뿐 원리적이고 철학적인 문제는 아니라고 간주되었다. 드레이퍼스는 바로 이 점을 의심했다. "컴퓨터가 하지 못하는 것"에 대한 분석은 AI와 인간의 지성이 본질적으로 다른 방식으로 과제를 수행함을 보여 준다.

GOFAI가 상정하는 지성은 튜링 기계를 통해 예시되는 지성이다. 그것의 핵심은 단속성, 순차성, 명시성에 있다. 단속성은 모든 요소와 규칙에 애매성이나 모호성이 없고 서로 명확하게 분절되어 있음을 뜻한다. 한 요소는 다른 모든 요소와 독립적으로 존재하며, 따라서 다른 요소의 변화 없이 한 요소를 변화시키는 것이 가능하다. 순차성은 우리가 요소에 규칙을 차례로 하나씩 적용해야 함을 뜻한다. 달리 말해 한 작업을 완료한 뒤에야 다음 작업으로 넘어갈 수 있다. 그래서 튜링 기계에서는 진정한 의미에서의 병렬 작업이 불가능하다. 여러 튜링 기계가 한 전체 작업을 하게 할 수는 있을 것이며, 이때 이 기계들이 서로 간섭하지 않는 한에서 병렬로 작업을 시키는 것도 가능할 것이다. 그러나 두 기계가 한 요소에 작업을 해야 한다면, 결국 한 작업은 다른 작업 다음에 행해져야 한다. 명시성은 이러한 요소들과 규칙들이 모두 명시될 수 있음을 뜻한다. 튜링 기계의 이러한 작동 방식이 '계산'을 정의한다. 그러므로 지성이 튜링 기계와 같은 방식으로 작동한다는 관점을 계산주의적 지성관이라고 부를 수 있을 것이다. GOFAI는 이러한 지성관의 전제 위에 수립되었다.

드레이퍼스가 보기에 계산주의적 지성관은 AI 연구에 국한된 사고 틀이 아니다. 또는 AI 연구가 계산주의적 지성관을 강화했을지는 몰라도 만들어 낸 것은 아니다. 오히려 우리는 철학의 역사 어디에서나 계산주의적 지성관을 찾을 수 있다. 우리가 본래 계산주의적 지성관을 가지고 있었기 때문에 AI 지성관을 쉽게 받아들일 수 있었던 것이다.

철학사에서 계산주의적 지성관의 배아

드레이퍼스는 서양 철학의 시초, 소크라테스-플라톤에게서 이미 계산주의적 지성관의 배아를 찾는다. 플라톤의 저작에 등장하는 소크라테스의 핵심 물음은 "~란 무엇인가"다. 소크라테스는 그리스의 장군 라케스와 니키아스에게 “용기란 무엇인가”라고 묻는다. 자기 아버지를 고발하는 것이 경건한 일이라고 주장하는 에우튀프론에게는 “경건이란 무엇인가”라고 묻는다. 소년 뤼시스에게는 “우애란 무엇인가”라고 묻는다. 소크라테스의 물음은 윤리적 가치의 의미를 명시하려는 시도다. 이 물음을 받는 상대자들은 나름의 방식으로 이에 답하려 한다. 소크라테스는 그들의 대답에서 불충분성과 비일관성을 발견하고, 그 부분을 공략해 그들의 규정을 무너뜨린다. 이러한 과정을 통해 소크라테스는 윤리적 가치를 모순 없이 잘 정의된 개념들과 규칙들로 풀어내려 한다. 이러한 작업이 인식이고 이성의 임무다. 더욱이 소크라테스-플라톤에게 이러한 이성은 인식, 이론, 학문에만 국한된 것이 아니다. 인식과 실천은 서로를 규정하기 때문이다. 경건이 무엇인지 아는 자만이 경건한 행위를 할 수 있으며, 경건이 무엇인지 아는 자는 경건한 행위를 할 수밖에 없다는 것이 이들의 생각이다. 따라서 우리는 소크라테스-플라톤적 이성관이 계산주의의 특징을 지녔다고 말할 수 있다. 실천 이성을 이론 이성으로 환원하고, 이론 이성을 다시 단속적이고 명시적인 요소와 규칙의 파악으로 이해하기 때문이다.

또한 드레이퍼스는 근대의 대표적인 철학자 이마누엘 칸트(Immanuel Kant)에게서도 계산주의적 지성관과 유사한 발상을 본다. 칸트는 우리의 경험이 우리의 정신이 이미 가지고 있는 직관과 범주를 통해 가능하다고 논했다. 직관에는 감성을 규정하는 시간과 공간이 있고, 범주에는 판단을 규정하는 단일성과 복수성, 사실성과 필연성 등이 있다. 드레이퍼스에 따르면 이러한 칸트의 시도는 우리 지성의 구조가 단속적인 요소와 규칙으로 분석되고 명시될 수 있음을 함축한다.

형식논리학

이렇듯 드레이퍼스는 서양 철학사 전반에서 계산주의적 지성관의 배아를 발견한다. 그러나 소크라테스-플라톤, 칸트 등은 아직 진정으로 계산주의적 지성관에 도달하지는 못했다. 이들은 이성을 순수 형식적으로 사고하지 않았기 때문이다. 이들에게 개념들은 여전히 의미를 지녔으며, 의미는 계산으로 환원될 수 없는 경험에서 주어진다. 계산주의적 지성관은 의미를 배제하고 이성의 본질을 형식적 연산에서 찾을 때 완성된다.

이러한 시도의 단초는 고트프리트 빌헬름 폰 라이프니츠(Gottfried Wilhelm von Leibniz)에게서 찾을 수 있다. 라이프니츠는 '보편 수학(mathesis universalis)'의 이념을 받아들였다. 보편 수학은 양 또는 크기에 관한 가장 보편적인 학문으로, 수학을 비롯해 모든 양화될 수 있는 것에 관한 앎을 자기 하위에 두는 학문이다. 그런데 라이프니츠는 보편 수학이 상상의 논리학에도 적용될 수 있다고 보았다. 이는 수학이 양만이 아니라 질을 다루는 데까지 확장됨을 뜻한다. 그렇다면 보편 수학은 양에 대한 학문만이 아니라 실상 모든 학문의 기초가 될 수 있다. 아울러 라이프니츠는 '보편 문자(characteristica universalis)'라는 발상을 제시했다. 그것은 모든 사고를 표현할 수 있는 기호 체계다. 라이프니츠는 사고를 분석함으로써 가장 근원적인 '인간 사고의 알파벳'을 찾을 수 있으리라고 믿었다. 글이 알파벳이라는 요소로 분석될 수 있듯 사고도 애매성 없는 요소로 분해될 수 있으리라고 여긴 것이다. 이에 더해 라이프니츠는 '계산자(calculus rationator)', 즉 보편 문자에 대한 기호적 연산 체계를 제시했다. 드레이퍼스의 계산주의적 지성관 개념에 따라 우리는 보편 문자를 사고의 요소로, 계산자를 사고의 규칙으로 이해할 수 있다. 이 둘을 통해 사고는 애매성 없는 형식적 체계로 표현될 수 있을 것이다. 그리고 이를 통해 획득된 보편 수학은 모든 학문의 기초가 될 것이다.

라이프니츠가 고안하기만 하고 구현하지는 않았던 이

러한 이념은 19세기의 논리학자들에 의해 구현된다. 조지 불(George Boole)은 ≪사고의 법칙에 대한 연구(An Investigation of the Laws of Thought)≫에서 계산자를 구현한다. 참과 거짓을 1과 0이라는 수로 표현하고, '그리고'와 '또는' 같은 논리적 용어들을 일종의 연산자로 표현한다. 이를 통해 불의 체계는 논리학을 일종의 계산으로 만든다. 다른 한편 고틀로프 프레게(Gottlob Frege)는 ≪개념 표기(Begriffsschrift)≫에서 보편 문자를 구현하려 한다. 프레게의 보편 문자는 양화, 추론, 귀결 등의 기호를 통해 술어 논리를 충분히 표현할 수 있는 형식적 체계이자 순수 사고를 위한 형식적 언어다. 각자의 방식으로 논리학의 형식화를 추구한 불과 프레게의 발상은 형식논리학의 융성으로 이어졌다.

철학은 우리 이성을 그 단속적인 요소들과 규칙들까지 분석하고 명시하려 한 소크라테스-플라톤적 이념에서 시작해, 이성이 의미 없는 연산 체계라는 형식논리학적 관점에 이른다. 이때 이성은 이미 계산적인 것으로 사고된다. 컴퓨터가 이러한 이성을 모방한 기계인 한, 컴퓨터를 통해 구현되는 인간 지능이 계산주의적 지성임은 당연하다.

이처럼 드레이퍼스는 이성에 대한 사고 틀이라는 넓은 철학적 문제 틀에서 AI 연구에 접근한다. 이러한 관점에서

GOFAI는 계산주의적 지성관을 증명하는 기능을 한다. 계산주의적 AI가 인간과 같은 수행을 할 수 있다면, 이는 인간 지성이 본질적으로 계산주의적 지성임을 보여 주는 경험적 증거가 될 것이다. 그러나 GOFAI는 인간 지성의 수준에 전혀 미치지 못했다. 이 실패는 인간의 이성에 계산주의적이 아닌 무엇이 있다는 점, 블레즈 파스칼(Blaise Pascal)이 말했듯 "심장은 이성(le raison)은 전혀 인식하지 못하는 자기 자신의 이유들(ses raisons)을 가지고 있다"는 점의 방증이다.

참고문헌

Boole, G.(1847). *The Mathematical Analysis of Logic.* Cambridge: Macmillan, Barclay, & Macmillan. 이석헌 옮김(2024). ≪논리의 수학적 해석≫. 교우사.

Dreyfus, H.(1972). Introduction. *What Computers Can't Do: A Critique of Artificial Reason.* New York, NY: Harper & Row.

Dreyfus, H. & Dreyfus, S.(1986). Prologue. "The Heart Has Its Reasons That Reason Does Not Know". *Mind Over Machine: The Power of Human Intuition and Expertise in the Era of the Computer.* New York, NY: Free Press.

Frege, G.(1879). *Begriffsschrift: eine der arithmetischen nachgebildete Formelsprache des reinen Denkens.* Halle an der Saale: Verlag von Louis Nebert. 전응주 옮김(2015). ≪개념표기≫. 이제이북스.

Leibniz, G.(2020). *Leibniz: Dissertation on Combinatorial Art.* Mugnai, M. et al.(eds.). Oxford: Oxford University Press.

Pascal, B.(1952). *Pensées: sur la religion et sur quelques autres sujets.* Paris: Éditions du Luxembourg. 김형길 옮김(2005). ≪팡세≫. 서울대학교출판부.

04
계산주의적 지성관을 위한 가정들

드레이퍼스는 GOFAI의 계산주의적 지성관을 밝힌 후 이 관점을 지탱하는 가정들을 검토한다. 이들 가정은 생물학적 가정, 심리학적 가정, 인식론적 가정, 존재론적 가정으로 나뉜다. 이 각각에 대한 고찰을 통해 이러한 가정들이 자명하지도 않고 경험적으로 검증되지도 않았음이 드러난다. 오히려 이 가정들은 혼동에 의해 지탱되며, 물리학 등 다른 분야에서의 성공으로 인해 받아들여졌을 뿐이다.

생물학적 가정

뇌를 이루는 세포, 즉 뉴런이 발화됨/발화되지 않음이라는 이진법적 상태를 갖는다는 발견은 뇌가 단속적 스위치들이 연결되어 이루어진 정보 처리 장치라는 해석을 낳았다. 이는 계산주의적 지성관을 뒷받침하는 증거처럼 보였다. 그러나 뇌가 온오프 스위치라는 것이 곧바로 뇌가 계산주의적으로 정보를 처리함을 뜻하지는 않는다. 뉴런 각각이 정보의 단위라는 증거도, 뉴런이 단선적이고 순차적으로 작동한다는 증거도 없기 때문이다. 신경생리학은 오히려 뇌가 계산주의적이 아닌 방식으로 작동한다는 설을 지지하며, 뉴런 연결 구조를 모방한 신경망 AI는 전혀 계산주의적이지 않은 방식으로 설계되어 성공을 거뒀다. 생물학적 가정은 견지되기 힘들다.

심리학적 가정

심리학적 가정은 정신의 어떤 층위에서 정보 처리가 일어난다는 가정이다. 이때 '정보 처리'는 단속적 정보들의 순차적 처리라는 계산주의적 모델에 따라 생각된다. 이 가정에 설득력이 있는 것은 우선 정신이 "정보를 처리한다"는 말이 당연하게 들리기 때문이다. 우리가 생각이라고 부르는 것은 감각적 정보든 이성적 정보든 정보의 처리가 아니겠는가? 우리 정신이 정보를 처리하지 않는다면 우리가 어떻게 지적 활동을 할 수 있겠는가? 이 심리학적 가정은 정신의 정보 처리가 규칙의 순차적 적용으로 이루어진다는 가정과 이어진다. 이러한 연결이 자연스럽게 느껴지는 것은 심리적 '설명'을 한다는 것이 심적 행위가 어떤 규칙적 절차를 통해 이루어지는지를 밝히는 일로 생각되기 때문이다. 우리가 정신이 하는 일을 규칙의 순차적 적용으로 정식화하지 못한다면 우리는 심리적 행위를 '이해'하지 못하는 것이 아닌가?

드레이퍼스가 보기에 이러한 사고는 철학적 선입견에 근거한다. 설명한다는 것과 이해 가능하게 한다는 것이 같은 일이며, 규칙들의 구조에 현상을 편입하는 일이라는 선입견이 그것이다. 이는 플라톤과 칸트에게서도 발견되는 전통적 관점이다.

문제는 이러한 선입견에 근거한 심리학적 가정이 자명하지 않다는 데 있다. AI 연구에서 이러한 심리학적 가정은 모종의 혼동을 통해 물리적 층위와 정신적 층위를 뒤섞음으로써 유지된다. 물리적 층위는 물질이 인과적으로 상호작용하는 층위다. 여기서 일어나는 일에는 의미의 개입이 없다. 모든 것이 양적으로 규정되어 형식적으로 처리될 수 있다. 한편 현상학적 층위라고도 부를 수 있는 정신적 층위는 이와 다르다. 우리가 사고하고 행위하는 층위에는 의미와 목적 같은 심리적 범주들이 있다. 따라서 이 층위에서는 '지각', '행위', '행위자' 등을 말할 수 있다. 여기서 주어지는 것들은 물질적 요소들과는 달리 의미를 지니며 언제나 서로 연결되어 있다. 그러므로 정신적 층위에서도 물질적인 것에 대한 설명과 같은 의미에서의 설명이 가능한지는 의심스럽다.

이는 심리학에 문제를 제기한다. 심리학이 과학이 되려면 심리를 규칙을 통해 설명해야 할 테지만, 심리에는 그런 규칙이 없어 보이기 때문이다. 이에 따라 심리학자들은 규칙을 통한 설명이 가능하면서도 심리적 범주를 사용하는 제3의 층위를 찾으려 했다. 이러한 탐색에 희망을 준 것이 AI 연구다. AI 연구의 가정에 따르면 심리는 계산주의적 지성으로 환원될 수 있으며, 그렇다면 인간적 범주를 사용하면서도 규칙에 따라 심리를 설명할 수 있을 것이기 때문이다.

그러나 AI 연구자들의 입장은 혼동에 근거한다. 예를 들어 AI 연구자는 지각이 자극의 변용이라고 말한다. 자극에 규칙을 적용해 산출된 결과가 지각이라는 것이다. 그러나 이때 그 '자극'이란 무엇인가? 한편으로 자극은 의미를 지닌 자극, 가령 보이는 형태 같은 것을 의미할 수 있다. 이러한 자극이 변용되어 지각을 산출한다는 것은 이해가 된다. 다른 한편으로 자극은 의미 없고 맥락에 독립적인 물리적 힘을 뜻할 수 있다. 이러한 의미에서의 자극은 마찬가지로 의미 없는 다른 형태의 힘으로 변용될 수 있을 따름이다. AI 연구자는 후자의 의미에서의 자극을 대상으로 삼으면서도, 그것이 지각으로 변용될 수 있다고 말할 때는 전자의 의미를 이용한다. 비슷한 혼동이 '정보' 개념에도 있다. 정신이 정보를 처리한다고 일상적으로 말할 때, 정보는 의미 있는 무언가, 개념이나 명제 같은 것을 뜻한다. 그러나 AI의 소위 '정보 처리'는 클로드 섀넌(Claude Shannon)이 제안한 정보의 수학적 개념에서 유래한 의미 없는 연산으로서 정보 처리다.

요컨대 정신이 규칙의 순차적 적용을 통해 설명될 수 있는 정보 처리 장치라는 심리학적 가정은 자명하지 않고, 혼동에 근거한다.

인식론적 가정

인식론적 가정은 심리학적 가정보다 더 추상적이다. 심리학적 가정이 인간 정신이 실제로 규칙 적용을 행한다는 가정이라면, 인식론적 가정은 설사 인간 정신이 실제로는 그러지 않더라도 적어도 규칙 적용으로서 형식화될 수는 있다는 가정이다. 이는 별들이 물리적 규칙에 '순종하는' 것은 아님에도 이들의 움직임이 물리적 규칙을 통해 기술될 수 있다는 점과 마찬가지다.

그러나 인식론적 가정 또한 증명되지도 자명하지도 않은 믿음이다. 이 믿음은 물리학과 언어학에서 형식화가 거둔 성공에 근거한다. 하지만 드레이퍼스가 보기에 심리학에서는 형식화가 물리학과 언어학에서처럼 잘되지 않으리라고 믿을 만한 충분한 근거가 있다.

근대 이후 물리학은 자연 현상들을 규칙에 따라 형식화하는 작업을 성공적으로 수행해 왔다. 이로써 자연 현상들이 이해되고 예측 가능해졌다. 이러한 성공을 모범으로 삼아 심리학 또한 인간 정신을 규칙에 따라 형식화하는 작업을 목표로 삼았다. 그러나 이러한 희망은 다시 애매성에 근거한다. 예를 들어 튜링은 우리에게 "행동의 규칙"이 있을 것이라고 말한다. 이러한 입장에 우리가 동의할 수 있다면,

이는 우리가 우리 행위를 규칙에 따라서 형식화할 수 있기 때문이다. 그러나 이때 규칙은 의미 있는 규칙으로 이해된다. 가령 우리의 어떤 행위는 '나는 사랑하는 사람에게 도움을 주려고 한다'라는 규칙을 통해 정식화될 수 있을 것이다. 그런데 이때 '사랑하는', '사람', '도움'은 의미와 모호성을 지니는 개념이다. 그래서 여기서 규칙을 통한 형식화는 계산주의적 의미에서의 형식화와 다르다. 반면 행동은 우리 신체의 물리적 움직임으로도 이해될 수 있다. 그렇다면 우리의 행동은 계산주의적인 방식으로 규칙에 따라 형식화될 수 있으나, 이때 행동이 따르는 규칙은 사실상 물리법칙이다. 이처럼 인식론적 가정 또한 두 층위를 뒤섞는다.

AI 연구의 인식론적 가정에 영향을 끼친 또 다른 연구는 언어학자 노엄 촘스키(Noam Chomsky)의 작업이었다. 촘스키는 인간의 언어 수행으로부터 추상을 행해, 문법적 올바름을 인지하는 능력 즉 언어적 숙련성을 형식화할 수 있음을 보여 주었다. AI 연구자들은 촘스키의 연구가 인간의 행동을 물리적 차원으로 환원하지 않고도 형식화할 수 있음을 뜻한다고 이해했다. 이는 AI 연구자들에게 희망을 주었다. 규칙을 따르지 않는 듯한 인간 행동도 규칙을 통해 정식화될 수 있다면, 그것을 AI로 구현하는 것도 가능하지 않겠는가?

그러나 드레이퍼스가 보기에 이러한 희망은 옳지 않다. AI 연구가 구현해야 할 것은 언어 수행으로부터 추상된 형식적 틀이 아니라 언어 수행 자체이기 때문이다. 예를 들어 인간의 문법적 판단이 형식화될 수 있더라도 인간의 실제 언어 수행이 그 형식을 따르는 것은 아니다. 인간은 어떤 말(예컨대 "겨울은 강철로 된 무지갠가 보다" 같은 은유)이 통상적 규칙을 벗어난다는 것을 느끼면서도 그 말을 이해할 수 있다. 인간은 어떤 말(예컨대 "라면을 잘 끓이는 법은 물의 양을 잘 맞춰야 돼" 같은 비문)이 오류임을 알면서도 이해할 수 있다. 인간의 언어 수행에서 나타나는 이러한 특징들이 규칙을 통해 어떻게 구현될 수 있을지 상상하기는 어렵다. 규칙을 엄격하게 따른다면 규칙을 벗어나는 말은 이해할 수 없을 것이다. 규칙을 이해 가능성으로 환원한다면 잘못된 문장을 이상한 것으로 느끼지 못할 것이다.

이렇듯 인간의 언어 숙련성이 규칙을 통해 형식화될 수 있다고 해도 인간의 언어 수행은 이를 벗어나는 방식으로 이루어진다. 그리고 AI는 인간의 추상적 언어 능력이 아니라 인간의 언어 수행을 구현해야 한다. 즉 규칙을 통한 형식화에 저항하는 부분을 구현해야 한다.

이러한 이유로 물리학에서의 정식화도, 언어학에서의 정식화도 인식론적 가정을 뒷받침하기는 어렵다.

존재론적 가정

마지막으로 이 모든 가정의 토대에 있는 가정이 있다. 그것은 컴퓨터가 사용할 수 있는 근본적 자료의 성격, 즉 컴퓨터는 궁극적으로는 단속적 요소들만을 자료로 삼는다는 사실에 관계한다. 이는 세계가 단속적 단위들로 이루어져 있다는 가정, 즉 존재론적 가정에 의해 정당화된다.

그러나 이러한 가정은 AI가 맥락을 이해하게끔 하려는 시도에서 난제를 야기한다. MIT의 의미론적 정보 처리 기획은 AI가 잘 작동하려면 맥락, 더 넓게는 세계를 이해해야 함을 깨달았다. 이 문제를 풀기 위해 의미론적 정보 처리 기획이 택한 전략은 세계에 대한 개별 사실들의 데이터베이스를 만들어 AI에게 제공한다는, 존재론적 가정에 따른 방법이었다. 그러나 이는 상식적 지식의 방대함이라는 문제를 낳는다. 세계를 단속적 사실들의 집합이라고 보고 그것들을 나열하려 하면 사실들은 무한히 증식한다. 더 나아가 어떻게 AI가 이러한 방대한 사실들 중에서 현재 맥락에 맞는 사실들을 골라내게 할 것인지도 어려운 문제가 된다. 오히려 인간의 지식들은 단속적으로 나눠지 않는 것 같다. '의자'라는 단순한 사물을 이해하려 할 때조차 인간의 신체, 인간의 피로, 가구 등 의자와 연관된 온갖 것을 이해

해야 한다.

세계가 단속적 단위로 이루어져 있다는 가정 또한 자명하지 않다. 그것은 철학적 선입견이다. 틀림없는 인식을 확보하려는 철학적 정신은 세계를 점점 분석해 가면 오인의 여지가 없는 단순한 것들에 도달하리라고 믿었다. 근대의 이성주의자 라이프니츠는 개념을 가장 단순한 요소에 이르기까지, '사고의 알파벳'에 이르기까지 분석할 수 있으리라고 생각했다. 근대의 경험주의자 데이비드 흄(David Hume)은 경험의 궁극적 요소가 단속적이고 개별적인 인상이라고 말했다. 초기 비트겐슈타인은 세계가 독립된 사실들의 집합이라고 생각했다. 이러한 철학적 선입견은 물리학의 성공에 의해 강화되었다. 그러나 그것이 인간 정신을 파악하는 데에도 적용되리라는 증거는 없다.

이처럼 GOFAI에 대한 드레이퍼스의 고찰은 그것이 계산주의적 이성에 근거함을, 그리고 계산주의적 이성을 지탱하는 가정들이 자명하지도 증명되지도 않았고 혼동에 근거함을 드러낸다. 우리는 오히려 계산주의적 지성관에 의문을 표하고, 인간 지성이 다른 방식으로 작동하지 않는지 물어야 한다. 인공 지성을 제작하려면 우리는 우선 인간 지성을 새로운 방식으로 이해할 필요가 있다.

참고문헌

Chomsky, N.(1957). *Syntactic Structures*. Den Haag: Mouton.

Dreyfus, H.(1972). Ch. 3.~Ch. 6. *What Computers Can't Do: A Critique of Artificial Reason*. New York, NY: Harper & Row.

Hume, D.(1978). *A Treatise on Human Nature. Second Edition*. Nidditch, P. H.(ed.). Oxford: Oxford University Press. 이준호 옮김(1994). ≪인간 본성에 관한 논고 1: 오성에 관하여≫. 서광사.

Leibniz, G.(2020). *Leibniz: Dissertation on Combinatorial Art*. Mugnai, M. et al.(eds.). Oxford: Oxford University Press.

Shannon, C.(1949). *The Mathematical Theory of Communication*. Urbana, IL: University of Illinois Press.

Wittgenstein, L.(1960). *Tractatus logico-philosophicus / Tagebücher 1914~1916 / Philosophische Untersuchungen*. Frankfurt am Main: Suhrkamp. 이승종 옮김(2016). ≪철학적 탐구≫. 아카넷.

05
인간의 세계성

인간은 세계 속에 있다. 세계는 본질적으로 상호 연관된 사물들의 전체다. 인간이 개별 사물들을 인식한 후 합쳐서 세계를 구축하는 것이 아니라, 오히려 개별 사물의 주어짐이 세계에 대한 이해를 전제한다. 유관한 것과 무관한 것, 본질적인 것과 비본질적인 것의 구별은 세계에 이미 기입되어 있다. 따라서 인간 지성은 계산을 통해 이들을 구별한다는 불가능한 임무를 행할 필요가 없다. 인간의 세계성이 이미 이러한 구별을 가능하게 한다.

후설의 지평과 세계

드레이퍼스는 GOFAI의 전제를 드러내고 비판하는 부정적 작업을 수행한 뒤 인간 지성의 특유성을 밝히는 실정적 작업으로 넘어간다. 이때 드레이퍼스는 현상학자들의 주체 연구가 밝혀낸 것에 의거한다. 그중 첫 번째로 다룰 것은 인간의 세계성이다. 이는 인간이 거주하고 관계하는 세계가 독립적인 사물들로부터 구축되는 것이 아니라 처음부터 전체로서 주어지며, 그러한 세계 안에서 개별 사물이 비로소 의미를 가짐을 뜻한다.

이러한 전체론적 세계는 현상학자 에드문트 후설의 지각 분석에서 나타나는 지평(Horizont)과 세계(Welt) 개념을 통해 잘 표현된다. 후설은 지성의 본질에 깊은 관심을 보였지만, 형식논리학자들과는 아주 다른 방식으로 지성의 이론 즉 논리학에 접근한다. 후설이 보기에 논리학의 진리는 논리적 사고 자체가 아니라 명제에 대한 지각 또는 직관에 있다. 달리 표현하자면 공허한 논리적 명제가 충만한 직관을 통해 충족될 때에야 비로소 인식이 발생한다. 이에 따라 후설의 논리학 연구는 형식논리학 체계의 수립이 아니라 자연적 경험, 특히 지각의 분석을 향한다.

후설의 지각 분석에서 발견된 것 중 하나가 지평 구조다.

후설은 진정한 의미에서 지각되는 지각 대상의 부분이 그 대상의 전부가 아니며, 언제나 직접 지각되지는 않지만 대상에 대한 지각에 포함되는 부분이 있음을 지적한다. 예를 들어 사과를 지각할 때 본래적으로 지각되는 것은 사과의 앞면뿐이다. 그것의 뒷면이나 속은 우리에게 지각되지 않는다. 그러나 우리는 사과를 보이는 앞면만으로 이루어진 것으로 지각하지 않는다. 오히려 그것이 뒷면을 가지고 있음을, 그것이 둥근 3차원 물체임을 '본다'. 따라서 우리는 사과를 집으려 할 때 부피가 있는 무언가를 잡으려는 듯이 손을 벌린다. 이처럼 사과에 대한 지각에서 본래적으로 주어지지 않지만 사과를 함께 이루는 것을 후설은 내적 지평이라고 부른다. 더욱이 사과는 언제나 배후의 배경을 지닌다. 사과만이 존재하는 공간은 없다. 사과는 언제나 탁자든, 벽이든, 어떤 배경 위의 사과다. 우리가 상상 속에서 사과만을 떠올리려 해도 이 사고 또한 (미규정적이고 모호한 방식일지라도) 배경을 지닌다. 이처럼 사과를 이루지는 않지만 사과에 대한 지각을 가능하게 하는 배경이 외적 지평이다. 사물은 언제나 내적 지평, 외적 지평과 함께 지각된다. 달리 말해 사물은 독립적으로 지각되지 않는다. 사물의 지각은 언제나 그것이 그것으로서 지각되기 위해 요구되는 지평을 동반한다.

이러한 비독립성은 지평에서도 다시 발견된다. 사과의 외적 지평이 되는 부엌도 그것의 배경(가령 집)을 필요로 하며, 집 또한 어떤 외적 지평(가령 마을)을 지닌다. 이러한 지평의 확장은 임의로 중단될 수 없으며, 결국 존재하는 모든 것을 포괄할 때까지 이어진다. 이러한 전체를 후설은 세계라고 부른다. 세계는 서로 독립적인 것들의 집적에 불과하지 않다. 이 세계 내에 있는 것들은 서로가 서로의 지평이 되며, 그런 한에서 서로 연관되어 있기 때문이다. 또한 우리는 개별 사물들을 먼저 인식한 후에 그것들을 합쳐서 세계를 인식해 내는 것이 아니다. 세계와 지평 속에서 비로소 개별 사물이 주어질 수 있기 때문이다. 후설이 말하듯 전체로서 세계는 미리 주어져 있다(vorgegeben).

하이데거의 도구연관과 세계

후설의 제자였던 하이데거 또한 세계를 이루는 사물들 사이의 상호 연관에 주목하며, 특히 이러한 연관의 실천적 측면을 부각한다. 하이데거는 우리 인간이 어떻게 존재하는지를 일반적으로 기술하려 한다. 이에 따라 인간의 근본적 존재 방식을 세계 안에 존재함, 즉 "세계-내-존재

(In-der-Welt-sein, Being-in-the-world)"라고 부른다. 여기서 세계 안에 있다는 말은 사물이 상자 안에 들어 있듯 세계 속에 인간이 있음을 뜻하지 않는다. 오히려 인간이 세계 내 사물과 관계하는 특유한 방식을 가리킨다.

이 방식은 인식이 아니다. 사물은 우리가 관찰하고 측정해야 하는 중립적 물체가 아니다. 사물은 우리에게 망치이고, 연필이고, 옷이다. 즉 도구다. 우리가 도구와 관계한다는 것은 그것이 무엇인지 안다는 뜻이 아니라 그것을 사용할 줄 안다는 뜻이다. 그런데 도구는 독자적으로 사용될 수 없다. 예를 들어 망치는 못 없이 사용될 수 없다. 못이 없다면 망치는 망치일 수 없다. 다시 말해 망치는 못과의 관계 속에서만 망치로서 사용될 수 있다. 마찬가지로 망치와 못은 이들이 사용되는 무언가, 예컨대 목재 없이는 망치와 못일 수 없다. 이런 식으로 도구는 다른 도구들과 이어져 하나의 도구연관을, 이 예에서는 목공의 도구연관을 이룬다. 우리는 각각의 도구를 먼저 인식한 후에 그것들을 연결해 도구연관을 구축하는 것이 아니다. 반대로 목공의 도구연관이 없으면 망치가 망치로서, 못이 못으로서 이해되는 것도 불가능하다. 그러므로 도구연관은 어떤 도구가 그 도구로서 이해되기 위한 조건이다. 우리가 도구를 이해하려면 이미 도구연관을 이해하고 있어야 한다.

어떻게 개별 도구에 대한 이해 없이 도구연관이 이해되는가? 도구를 사용하는 과정 자체를 통해 우리는 도구연관과 그 안의 도구에 대한 이해를 함께 습득한다. 못에 망치질하며 목재를 고정하면서, 못-망치-목재-가구의 연관을 동시에 이해하는 것이다. 이처럼 실제 사용을 통해 도구연관과 그 안의 도구를 이해하는 과정은 이에 친숙해지는(vertraut) 과정이다. 망치와 못을 이해한다는 것은 목공이라는 도구연관 전체와 친숙해지는 과정이다. 이에 따라 우리가 도구연관에 친숙해졌을 때, 그 안의 개별 도구는 도구연관과의 관계 속에서 의미를 지닌 채 주어진다.

그러므로 우리는 개별자들을 인식한 후 그것들로부터 도구연관을 구축할 필요가 없다. 가령 목수가 공방에 들어갈 때 그는 그 안의 망치와 못과 목재를 인식한 다음 그것들로부터 목공 연관이라는 맥락을 건설하지 않는다. 그는 목공 연관에 친숙하기 때문에 오히려 목공 연관 전체 속에서 망치, 못, 목재가 의미를 지닌 채 떠오른다. 반대로 우리가 어떤 도구연관에 친숙하지 않다는 것은 우리가 독립적 요소 각각은 알지만 이들을 합치지 못한다는 뜻이 아니다. 오히려 우리는 그 각각이 무엇인지 모른다. 목공 연관을 알지 못할 때 망치는 나무 손잡이가 붙은 쇳덩어리일 뿐 망치가 아니다.

이처럼 도구는 도구연관 속에서 의미를 얻는다. 이러한 도구연관을 보편화한 것이 세계다. 세계는 우리가 마주치는 모든 사물이 그 안에서 의미를 얻는 궁극적 배경이다.

이러한 방식으로 후설과 하이데거 모두 우리가 개별 대상을 먼저 독립적으로 인식한 후 이들을 합쳐서 세계를 이해한다는 원자론적 존재론을 거부한다. 오히려 우리는 세계를 이해하기 때문에 그 안의 사물을 이해할 수 있다.

세계와 우주

이러한 구별에 따라서 드레이퍼스는 우주(universe)와 세계(world)를 구별한다. 우주는 자연과학이 보는 물질의 총체다. 우주에서 각각의 요소는 독립적이다. 다른 어떤 원자의 변화 없이 한 원자를 더하고, 빼고, 변화시킬 수 있다. 또한 각각의 요소는 우주 전체와 무관하게 인식될 수 있다. 우주에서 나는 은이 무엇인지 모른 채 금을 인식할 수 있다. 세계는 다르다. 여기서 모든 것은 서로 연관되어 있다. 이러한 연관을 변화시키지 않고서, 즉 다른 요소를 변화시키지 않고서 한 요소를 더하거나 제거할 수 없다. 가령 망치를 제거하면 목공 연관 전체가 달라질 수밖에 없다. 그리고 세계와 독립적으로 어떤 요소를 이해할 수도 없다. 못과 목재에 대한 이해 없이 망치를 이해할 수는 없다.

인간 지성은 우주가 아니라 세계 속에 거주한다. 모든 요소를 상호 독립적으로 받아들인 다음 그것들 중에서 본질적인 것과 비본질적인 것을 구별하거나 무관한 것을 제하고 유관한 것을 조준한다는, 비경제적일 뿐 아니라 불가능한 작업을 인간 지성이 할 필요가 없는 것은 이 때문이다. 세계 속에서 유관한 것과 무관한 것, 본질적인 것과 비본질적인 것은 이미 구별되어 있기 때문이다. 목수가 가구를 제작하러 공방에 들어간다고 해 보자. 그의 지성은 공방 안의 모든 것을 독립적으로 인식한 후, 이 방대한 데이터로부터 무엇을 재료로 사용하고, 무엇을 어떻게 도구로 사용해 가구를 제작할지 생각하는 작업을 하지 않는다. 공방이라는 하위세계에서 이미 재료라는 의미를 가진 것들, 쌓여 있는 목재가 눈에 들어온다. 또한 이미 제작을 위한 도구, 망치와 못과 톱이 눈에 들어온다. 이들이 가구 제작에 유관하고 본질적인 것이다. 가구 제작을 위해 이들을 각각 어떻게 다루어야 하는지도 그 요소부터 새로이 생각할 필요가 없다. 망치를 이해한다는 것은 망치와 못을 이용해서 목재를 고정시킬 수 있다는 것이므로, 이들을 어떻게 다루어야 하는지도 공방이라는 하위세계 속에서 이미 주어진다.

이처럼 유관성과 무관성의 구별, 본질과 비본질의 구별은 친숙한 세계에 이미 삽입되어 있다. 따라서 인간 지성은 이들을 '계산'할 필요가 없다. 계산은 세계에 삽입되어 있는 저 구별들을 바탕으로 조준을 한 후에야 시작된다. 어느 목재가 책상을 만들기에 적절한지, 어느 정도 크기가 주문에 적절한지를 생각하는 단계에서야 계산이 필요해진다. 이런 방식으로 인간 지성은 계산주의적이지 않은 방식으로 작동한다.

참고문헌

Dreyfus, H.(1972). Ch. 8. The Situation. *What Computers Can't Do: A Critique of Artificial Reason*. New York, NY: Harper & Row.

Heidegger, M.(1977). *Sein und Zeit*. Frankfurt am Main: Vittorio Klostermann. 이기상 옮김(1998). ≪존재와 시간≫. 까치글방.

Husserl, E.(1939). *Erfahrung und Urteil: Untersuchungen zur Genealogie der Logik*. Prag: Academia Verlagsbuchhandlung. 이종훈 옮김(2016). ≪경험과 판단≫. 민음사.

06
인간의 신체성

지성은 정신에 속하고 신체는 정신의 도구에 불과하다는 전통적 사고 틀은 AI 연구에서도 유지된다. 그러나 신체는 인간 지성의 도구가 아니다. 오히려 인간 지성은 본질적으로 신체적이다. 세계 속에 신체적으로 자리하고 움직일 수 있기 때문에 인간 지성은 사물을 지각할 수 있다. 그리고 신체적으로 움직임으로써 신체 운동을 계산하지 않고서도 이미 과제를 수행한다. 인간은 지각 같은 지적 활동조차 신체적인 방식으로 해낸다.

지성과 신체의 이원론

지성은 어디에 깃들어 있는가? 고대에서 근대까지 이 질문에 대한 대답은 '신체와 독립적인 존재자인 영혼에 있다'였다. 신체는 다른 사물과 마찬가지로 무력한 물질에 불과하다. 그것을 살아 움직이게 하는 것이 영혼이고, 지성은 바로 거기에 있다. 지성이 신체로부터 자료를 받고, 신체에 명령을 내리기는 할 것이다. 그러나 지성의 활동 자체는 신체와 무관하다. 이처럼 지성은 영혼에 속하며 신체는 지성의 하인일 뿐이라는 것이 지성에 대한 전통적인 표상이었다.

자연과학의 발달로 인해 우리는 이러한 종교적·형이상학적 사고 틀을 떠나게 되었다. 우리는 더 이상 영혼 같은 비물질적 존재를 믿지 않으며, 지적 활동이 뇌의 활동과 밀접하게 연관되어 있다는 것도 알게 되었다. 지성은 물질을 통해 구현된다. '생각하는 기계'를 만들 수 있다는 믿음은 사고 틀의 이러한 변화에 근거한다.

그러나 이러한 변화에도 불구하고 계산주의적 지성관은 전통적 사고 틀, 즉 지성이 신체에 대해 자립적이라는 생각의 흔적을 여전히 간직하고 있다. 지성이 영혼에서 구현되든 물질에서 구현되든 그것은 신체와 독립적인 것으로 생각된다. 정신이 신체로부터 정보를 받는다고 해도 정신의 정보 처리는 신체와 독립적이며, 그 결과를 신체에 명령할 따름이다. 계산주의적 지성은 여전히 신체를 하인처럼 부린다.

현상학의 관점은 다르다. 인간의 인식과 실천에 대한 현상학의 탐구는 인간의 지적 활동이 신체적 활동을 통해 비로소 가능함을 보여 주었다. 이에 따르면 신체는 지성의 계산과 명령에 따르는 하인이 아니며, 오히려 지성이 신체적이다. 드레이퍼스는 이러한 현상학적 신체론을 통해 AI와 다른 인간 지성의 특유성을 드러내려 한다.

지각을 가능케 하는 신체

후설은 인간 지성이 신체적이라는 점에 주목한 선구자 중 하나다. 인간 지성의 신체성에 대한 후설의 견해는 여러 영역에서 논할 수 있으나, 여기서는 지각에서 신체의 역할에 집중하겠다.

우리가 탁자를 본다고 하자. 우리가 생각하는 탁자는 특정한 방식으로 공간을 점유하고 있는 3차원 물체다. 그것의 상판은 직사각형이고, 동일한 다리 네 개를 가지고 있다.

그러나 우리의 지각을 돌이켜 보면 탁자는 결코 직사각형 상판과 동일한 다리 네 개를 가진 것으로 '보이지' 않는다. 상판은 언제나 비뚤어진 사각형으로 보인다. 다리는 길이가 서로 달라 보이며, 대개 상판에 가려져서 일부만 보인다. 우리가 '보는' 것은 탁자의 이념적 형태가 아니라 탁자의 다양한 면모(Aspekt)다. 그런데 이 다양한 면모는 무작위로 주어지지 않고, 보는 자인 내가 공간 내 어떤 위치에 있느냐에 따라서 주어진다. 내가 이 위치에 있으면 탁자의 상판이 사다리꼴로 보이고, 저 위치에 있으면 다이아몬드 형태로 보인다. 내가 이 위치에 있으면 긴 다리 두 개와 짧은 다리 두 개가 보이고, 저 위치에 있으면 다리 세 개가 보인다. 이때 내가 공간 내 어떤 위치에 있는지는 바로 내 신체에 의해 규정된다. 신체는 공간 내 어떤 위치를 점유하고 있고, 내 시각은 신체를 떠날 수 없기에 면모의 관점성은 바로 내 신체에 의존한다.

관점에 따른 면모만을 가지고 있다고 해서 우리가 면모들을 탁자로 종합할 수 있는 것은 아니다. 내 위치가 무작위로 변화하고, 이에 상응해 탁자의 면모들도 무작위로 주어진다면 우리는 그것들로부터 일정한 탁자를 생각해 낼 수 없을 것이다. 탁자의 면모들이 모종의 규칙을 가지고 연속적으로 변화해 갈 때, 우리는 그것들로부터 탁자를 종합할 수 있다. 그런데 이러한 연속적 변화는 내 신체의 연속적 변화와의 상응 속에서 종합된다. 가령 내가 탁자 주위를 오른쪽으로 돌고 있다고 느끼면서 면모의 연속적 변화를 본다면 나는 이에 따라서 탁자의 3차원 형태를 종합할 것이다. 반대로 내가 왼쪽으로 돌고 있다고 느끼면서 면모의 연속적 변화를 본다면 나는 다른 방식으로 탁자의 형태를 종합할 것이다. 또한 만약 면모의 연속적 변화와 나의 움직임에 대한 감각 사이에 불일치가 있다면 나는 혼란을 느낄 것이며, 면모들이 적절히 종합될 수 없을 것이다. 즉 나는 내 신체의 상태와 움직임에 대한 느낌을 갖기 때문에 그에 상응해 주어지는 면모들을 적절하게 종합할 수 있다.

더욱이 나는 내 신체의 상태와 움직임을 수동적으로 알기만 하는 것이 아니다. 나는 능동적으로 신체를 움직일 수 있다. 후설식으로 표현하자면 내 신체는 나의 '할 수 있음(Können)'의 기관이다. 즉 나는 자유롭게 탁자 주위를 오른쪽으로 돌거나, 왼쪽으로 돌거나, 위에서 탁자를 보거나, 아래에서 탁자를 볼 수 있다. 이처럼 내가 탁자를 자유롭게 둘러볼 수 있기 때문에 나는 적절한 면모들을 획득해 그에 따라 탁자를 종합할 수 있다.

요컨대 내 신체는 방향 설정의 기준점이고, 상태와 움직임을 직접 느낄 수 있는 무엇이며, 내가 능동적으로 움직일 수 있는 무엇이다. 이런 맥락에서 신체는 다른 물체들과 다른 방식으로 존재한다. 나는 다른 물체를 떠날 수 있지만, 내 신체를 떠날 수는 없다. 나는 다른 물체를 둘러볼 수 있지만, 내 신체를 둘러볼 수는 없다. 나는 다른 물체의 상태와 움직임을 지각을 통해 파악하지만, 내 신체의 상태와 움직임은 직접 파악한다. 나는 다른 물체를 직접 움직일 수 없고 내 신체의 움직임을 매개로 움직일 수 있지만, 내 신체는 직접 움직일 수 있다. 이처럼 나는 직접 파악된 내 신체의 상태와 직접 움직이는 움직임에 근거해 다른 물체의 상태와 움직임을 파악한다.

따라서 신체는 내 주체성의 일부로 드러난다. 내 신체는 물체들 중 하나가 아니라 다른 물체를 보기 위한 본질적 조건이기 때문이다. 그러므로 정신인 내가 신체를 도구로서 소유하고 다루는 것이 아니다. 오히려 나는 이미 신체적이다. 내가 신체적이기 때문에 나는 공간에 대한 관념을 가질 수 있고, 그 안의 물체를 지각할 수 있다.

세계를 향하는 방식으로서 신체

메를로퐁티는 이러한 후설의 신체론을 이어 가고 발전시

킨다. 먼저 신체의 움직임이 계산주의적 지성관을 통해 설명될 수 없음을 다양한 심리학적 연구에 근거해 보여 준다. 대표적 예는 뇌손상 환자 슈나이더의 사례다. 슈나이더는 물리적으로 지정된 어떤 위치로 손을 가져가라는 명령은 따르지 못한다. 즉 추상적 운동은 하지 못한다. 그러나 그의 상황과 관련해 움직임을 지시하면("코를 긁으세요", "박수를 치세요") 잘 행할 수 있다. 다시 말해 슈나이더는 구체적 운동은 할 수 있다. 이는 우리가 신체를 계산에 따라서 움직이지 않고 오히려 의미에 따라서 움직임을 보여준다. 이처럼 의미에 따르는 신체적 '할 수 있음'의 체계를 메를로퐁티는 신체 도식이라고 부른다.

또한 메를로퐁티는 우리가 이런 방식으로 신체적이기에 세계와 관계할 수 있다고 논한다. 우리가 구체적 운동을 할 수 있는 것은 신체적 습관을 형성하기 때문이다. 가령 펜을 처음 접할 때 나는 그것을 잘 쥐고 쓸 줄 모른다. 나는 펜을 쥐는 자세를 계산해서 적절하게 펜을 쥘 수 없다. 오히려 펜에 접근하고 쥐려고 손을 움직이는 과정에서 펜을 쥐는 적절한 자세를 습득한다. 이로써 나는 펜으로 글씨를 쓸 수 있게 된다. 이 습득은 펜에 관한 사실의 저장이 아니다. 오히려 펜을 쓰는 신체적 습관의 획득이다. 그리고 펜을 쓸 수 있게 된다는 것이 바로 펜의 의미를 획득하는 것이다. 그런데 이때 획득되는 것은 펜의 독립적인 의미가 아니다. 펜을 쓸 수 있게 되는 과정에서 나는 종이, 글자, 선, 펜, 의자 등으로 이루어진 지평 또는 도구전체성을 획득한다. 요컨대 신체적 습관을 획득하는 과정은 세계에 친숙해지는 과정이다.

더 나아가 메를로퐁티는 세계와의 신체적 관계가 운동만이 아니라 지각에도 적용된다는 점, 그리고 사물 세계만이 아니라 문화적 세계와의 관계에도 적용된다는 점을 보여 준다. 손으로 펜을 사용할 수 있다는 것에서 펜의 의미가 드러나듯이, 색을 구별할 수 있다는 것은 눈을 사용할 수 있음을 뜻한다. 언어 활동 역시 신체와 독립적으로 정신 속에서 이루어지는 일이 아니다. 우리는 의미를 이미 신체적으로 가지고 있으며, 말하고 들을 때 신체적으로 이해한다. 이로써 인간의 지적 활동 자체가 신체성에 의거함이 드러난다.

신체적 지성

드레이퍼스는 이러한 현상학적 신체론으로부터 계산주의적 지성관에 반대되는 함의들을 끌어낸다. 첫째, 잘 행동하는 데에는 세계의 요소들과 규칙들에 대한 앎이 필요하지 않다. 인사하기 위해 손을 흔드는 행동을 과학적으로 기술하기 위해서는 규칙이 필요할 것이다. 그러나 우리가 실제로 손을 흔드는 것은 그러한 규칙에 대한 앎을 필요로 하지 않는다. 우리는 다만 손의 위치와 움직임을 느끼고, 이에 따라 손을 적절하게 흔들 뿐이다. 둘째, 따라서 잘 행동하기 위한 학습은 사실과 규칙의 암기를 통해 이루어지지 않는다. 필요한 것은 오히려 실습이다. 망치와 망치질에 관한 사실과 규칙을 암기한다고 해서 망치질을 잘하게 되는 것은 아니다. 반복적으로 망치를 적절하게 사용함으로써 망치질을 할 줄 알게 된다. 우리가 잘 행동할 수 있게 하는 것은 우리의 신체 자체다. 셋째, 이러한 특성은 육체적 활동만이 아니라 지적 활동에도 적용된다. 예컨대 무언가를 알아보기 위해 우리는 눈과 머리, 자세를 움직이고 적절한 거리를 잡는다. 이러한 움직임에 친숙해지면서 우리는 알아보기를 더욱 잘하게 된다. 이런 식으로 우리는 지각이라는 행동에 신체적으로 숙달된다. 같은 방식으로 언어 활동 또한 우리가 규칙 없이 신체적으로 처리하는 운동 기량처럼 생각될 수 있다.

인간 지성은 계산주의적이지 않은 방식으로, 즉 단속적 요소에 규칙을 순차적으로 적용하지 않으면서 지적 과제를 해결한다. 인간의 신체성에 대한 분석은 이러한 해결이 신체를 통해 이루어짐을 암시한다. 그렇다면 인간 지성은 신체화된(embodied) 지성이며, 이것이 신체 없는 AI에게서 어떻게 구현될 수 있을지는 불명확하다.

참고문헌

Dreyfus, H.(1972). Ch. 7. The Role of the Body in Intelligent Behavior. *What Computers Can't Do: A Critique of Artificial Reason*. New York, NY: Harper & Row.

Husserl, E.(1973). *Ding und Raum: Vorlesungen 1907*. Husserliana Band XVI. Den Haag: Nijhoff. 김태희 옮김(2018). ≪사물과 공간≫. 아카넷.

Merleau-Ponty, M.(1945) *Phénoménologie de la Perception*. Paris: Gallimard. 류의근 옮김(2002). ≪지각의 현상학≫. 문학과지성사.

07
인간의 목적성

지성에는 정보 처리만이 아니라 목적도 필요하다. AI의 지성도 목표가 있으나, 이는 인간의 목적과는 다르다. 인간의 목적은 처음부터 명확하게 규정되어 있지 않다. 목적은 미규정적인 형태로 있다가 필요한 만큼만 명시화되면서 행위를 인도한다. 더 나아가 인간의 목적은 충족과 더불어 창조적으로 발견될 수도 있다. 목적의 창조적 발견은 때로 세계의 재조직화까지 요구한다.

인간 지성과 목적

전통적으로 지성은 일종의 정보 처리로 생각되었다. 말하자면 지성은 정신 속에 정보를 넣고, 정신 속에서 그것을 처리하고, 정신으로부터 정보나 정보 처리의 결과를 다시 꺼내는 능력으로 여겨졌다. 그러나 인간 지성은 정보 처리만으로 규정되지 않는다. 이는 쇠렌 키르케고르(Søren Kierkegaard)가 제시한 한 우화에서 잘 드러난다. 한 사람이 정신병원을 탈출한 뒤, 친구들에게 자신의 지성에 문제가 없음을 보여 주려 한다. 주머니 속 공이 그에게 부딪힐 때마다 진리를 말하기로 한다. 그는 친구들 앞에서 걸어 다니면서 반복해서 말한다. "쾅, 지구는 둥글다!" 그는 분명 정신 속의 정보를 꺼낼 줄 알고, 진리와 비진리도 판별할 줄 안다. 그럼에도 불구하고 그의 지성에는 문제가 있다. 그가 적절한 목적에 따라서 행위하지 못하기 때문이다. 그는 "지구는 둥글다"라고 말하는 것이 목적에 적절하지 않은 대화 상황에서 이 말을 한다. 요컨대 인간 지성은 정보 처리만이 아니라 목적의 질서도 따라야 한다.

AI의 행위도 목표를 가지고 있다. 언어 처리 AI의 목표는 주어지는 말에 적절한 응답을 생성하는 것이고, 체스 AI의 목표는 게임에서 승리하는 것이다. AI가 목표와 무관하게 각종 정보 처리의 결과를 쏟아 낸다면 그것은 지성을 지녔다고 생각되지 않을 것이다. 물론 AI는 스스로 목표를 선택하지 못한다. 목표의 숙고와 선택은 의지의 영역에 속하며, 이것이 AI로 구현될 수 있는지, 구현되어야 하는지는 논쟁의 여지가 있다. 그러나 이를 차치해도 AI의 목표와 인간의 목적은 다르다. 드레이퍼스는 인간 지성이 목적을 지니는 방식의 특유성을 보여 주려 한다.

세계 조직의 원리로서 목적

목적은 인간이 세계를 조직하는 원리 중 하나다. 물리적 우주와 달리 세계는 우리에게 전체로서 미리 주어지며, 그 속에서 개별자들이 비로소 의미를 지닐 수 있다. 여기서 세계에 목적이라는 요소를 도입하면, 목적이 세계의 조직화에 기여한다는 점이 드러난다. 하이데거는 우리가 삶에서 대하는 사물의 자리가 물리적 위치가 아니라 우리의 사용 목적에 따라 규정된다고 말했다. 가령 내가 안경을 쓰고서 연필로 글을 쓰고 있을 때, 물리적으로는 안경이 연필보다 나에게 가깝지만, 인간적 관점에서는 안경보다 연필이 더 가깝다. 연필은 내가 지금 친숙하게 다루고 있는 물건이지만,

안경은 그것을 가능하게 하면서 지금은 인지되지 않는 배경에 있기 때문이다.

따라서 목적이 변경되면 세계는 새로이 조직된다. 내가 목수로서 작업장에 들어갈 때, 그곳의 사물들은 목공의 도구전체성에 따라서 나에게 조직되어 주어진다. 작업장의 사물들은 재료들, 자르는 도구들, 다듬는 도구들, 칠하는 도구들 등으로 나뉠 것이다. 그러나 청소를 하러 작업장에 들어갈 때 사물들은 다르게 조직된다. 이제 사물들은 버려야 할 것들, 보관해야 할 것들 그리고 청소 도구들로 나뉠 것이다. 이러한 맥락에서 하이데거는 도구전체성이 결국 인간을, 더 정확히 말하자면 인간의 '~을/를 위해(Worumwillen, For-the-sake-of-which)'를 가리킨다고 말한다.

목적의 창조적 발견

AI의 목표는 단속적이며 미리 규정되어 있다. 제작자는 AI에게 '체스에서 승리하기'나 '비슷한 그림을 찾아내기' 같은 명시 가능하고 독립적인 목표를 미리 준다. 인간의 목적은 그렇지 않다. 인간은 명시된 목적의 목록을 미리 갖지 않으며, 인간이 목적을 가질 때에도 그것은 일의적인 정도까지 명료해지지 않는다. 인간은 목적을 그때그때 필요한 만큼만 명시한다. 예를 들어 인간이 늘 '냉장고 속의 삶은 계란으로 배고픔을 가라앉힌다' 같은 구체적 목적을 가지고 냉장고 문을 열지는 않는다. 어떤 사람은 이렇게 반문할 것이다. "냉장고 문을 연다면, 적어도 '배고픔을 가라앉힌다'라는 일반적이지만 명시적인 목적을 가지고 있는 것이 아닌가?" 그러나 인간은 종종 그 정도의 명시조차 없이 행위한다. 가령 나는 배고픔을 느껴 냉장고 문을 연다. 냉장고 속을 둘러본 후 다시 문을 닫고 책상으로 돌아간다. 이때 무엇이 일어났는가? 나는 냉장고 문을 열고 무엇이 있는지 탐색하겠다는 목적이나 무언가를 먹겠다는 목적을 명확히 하고 냉장고 문을 연 것이 아니다. 냉장고를 열 때 나에게는 배고픔과 관련해 무언가 해야겠다는 불명확한 목적만이 있었다. 냉장고 안에 마음에 쏙 드는 간식거리가 보였다면, 나의 목적은 '간식거리를 먹어서 배고픔을 해소한다'로 명시되었을 것이다. 그러나 그런 것이 보이지 않자 나는 '먹고 싶은 것이 있는지 살펴본다'라는 목적을 갖게 되고, 이에 따라 냉장고를 샅샅이 뒤져 본다. 그래도 먹고 싶은 것이 발견되지 않자, 나는 '이 배고픔에 대해 무언가를 한다'라는 목적 자체를 버리게 된다. 인간은 이런 식으로 그때그때 필요한 정도로만 목적을 명시한다.

더욱 흥미로운 것은 목적의 명시가 목적의 충족 행위에 꼭 앞서지는 않는다는 점이다. 종종 목적은 충족될 때 비로소 명시된다. 드레이퍼스는 사랑에 빠지는 경우를 예로 든다. 어떤 사람이 외로움으로 인해 사랑하는 상대를 찾는다고 하자. 이때 그는 상대의 구체적인 생김새, 성격, 직업과 재산을 규정하고, 그런 상대를 찾음으로써 외로움을 가라앉히려 할 수 있다. 그러나 정작 그런 사람을 찾았을 때 외로움이 가라앉지 않을 수 있다. 오히려 전혀 예상치 못한 사람과 사랑에 빠지는 일이 충분히 가능하다. 그리고 그때에야 자신의 행위의 목적이 그런 사람을 사랑하는 데 있음을 알게 된다. 이러한 경우를 두고 드레이퍼스는 인간이 목적을 "창조적으로 발견한다"고 말한다. 이런 맥락에서 인간의 목적은 예술과 가까운 데가 있다. 종종 예술 창작 또한 예술가의 머릿속에 완성된 채 들어 있는 목표를 그대로 구현하는 것이 아니다. 오히려 그 목표는 만들어지기 전까지 불명확하다. 완성품에 도달한 순간에야 예술가는 비로소 자신이 추구한 것이 그것이었음을 안다.

세계의 재조직화

세계는 목적에 따라 조직된다. 그리고 목적은 창조적으로 발견될 수 있다. 그렇다면 창조적으로 발견되어야 할 목적이 현재의 세계 조직 내에는 부재한다면 어떻게 될까? 이때 목적의 창조적 발견은 단순히 세계에 목적 하나를 추가하는 것만이 아니라 이러한 목적이 존재하는 방식으로 세계를 조직하는 것까지 요구한다. 즉 창조적 목적 발견은 세계의 조직화 자체를 변경하는 데까지 나아갈 수 있다.

드레이퍼스가 보기에 이러한 세계 조직화의 변경은 키르케고르의 철학에서 잘 제시된다. 키르케고르는 서로 다른 목적에 따라 삶을 조직하는 여러 가지 양상, 즉 '단계' 또는 '권역'을 구별한다. 첫째 권역은 심미적 권역이다. 여기서 사람은 끊임없이 흥미를 좇는다. 어떤 흥밋거리를 추구하다가 그것이 충족되면 흥미를 잃고 다시 새로운 흥밋거리를 찾기를 반복한다. 흥미를 향한 욕망에 젖어 있음에도 그의 삶의 방식은 무관심성을 통해 특징지어진다. 흥밋거리의 계속되는 교체 속에서 그 어떤 것도 그가 실존적으로 헌신할 대상은 되지 못하기 때문이다. 따라서 흥미를 좇음에도 불구하고 심미적 권역에서의 삶은 지루함이라는 성격을 띠게 된다. 둘째 권역은 윤리적 권역이다. 이 권역에 있는 사람은 사회적 관계 속에서 헌신할 대상을 발견한다. 그것이 그의 삶에 지속적인 의미를 준다. 그는 더 이상 삶에 무관심하지 않다. 이제 그는 어떤 것에 헌신하고 그것을 책임지기 때문이다. 따라서 윤리적 삶에는 심미적 권역에서는 찾을 수 없는 지속성이 있다. 또한 윤리적 권역에 있는 사람은 비로소 선택을 한다. 심미적 권역에서 흥밋거리를 고르는 것은 진정한 선택이 아니다. 그는 그것에 무관심한 채로 고르며, 흥미가 충족된 후 그것을 버릴 것이기 때문이다. 반면 윤리적 권역에서 선택은 무겁다. 여기서 사람은 자신이 헌신할 대상을 선택함으로써 앞으로의 삶 전체를 선택하기 때문이다. 셋째 권역은 종교적 권역이다. 여기서는 신 앞에서 자신을 책임지는 것이 목적이다.

키르케고르의 권역들은 서로 다른 방식으로 목적을 조직한다. 심미적 권역에서 궁극적 목적은 흥미를 충족하는 것이다. 다른 목적들은 모두 이를 위한 수단이다. 반면 윤리적 권역에서 궁극적 목적은 책임을 지는 것이다. 여기서는 다른 목적들이 책임에 봉사한다.

이 지점에서 발생하는 물음은 어떻게 사람이 한 권역에서 다른 권역으로 옮겨 갈 수 있느냐다. 심미적 권역에 있는 사람은 모든 것을 흥미에 따라 추구할 것이며, 이러한 조직에서 헌신, 책임, 의무, 지속성 등은 발견되지 않는다.

그러므로 그는 윤리적 권역에 있는 목적을 가질 수 없다. 만약 인간이 오직 미리 규정된 목표에 따라서 행위할 뿐이라면, 심미적 권역에 있는 사람이 이를 벗어나 윤리적 권역으로 이행하는 것은 불가능하다. 이러한 이행은 소위 '도약'에 의해, 선행하는 목적 없이 이루어진다. 드레이퍼스는 이러한 도약을 창조적 발견이 일으키는 효과로 본다. 가령 심미적 권역에 있던 사람은 사회정의에 기여하는 어떤 일을 하고서 예상하지도 목표하지도 않은 충족감을 느낄 수 있다. 이때 그는 충족감과 함께 사회정의에의 헌신이라는 목적을 발견한다. 그런데 이 목적은 심미적 권역의 세계 조직화에는 부재하기 때문에, 그는 헌신이라는 목적에 따라 새로이 세계를 조직하게 된다. 이에 따라 그는 윤리적 권역을 창조적으로 발견한다.

구체적 임무를 위한 도구로서 AI에 이러한 목적의 창조적 발견은 덜 중요할 것이다. 가령 체스의 목적은 미리 명료하게 규정될 수 있다. 그러나 AI에 요구되는 여러 지적 작업은 목적의 창조적 발견을 필요로 한다. 가령 적절한 언어 활동은 지속적인 목적의 조정을 통해 이루어진다. 인간의 대화는 친목에서 정보 교환으로, 정보 교환에서 위로로, 위로에서 지적 토론으로 미리 규정된 명시적 경계와 목표 없이 이행한다. 더욱이 일반적 문제 해결자 같은 일반적 목적을 위한 AI에 목적의 창조적 발견과 세계의 재조직화는 결정적일 것이다. 어떤 문제는 세계의 재조직화를 통해서만 해결될 수 있기 때문이다. 드레이퍼스는 토머스 쿤(Thomas Kuhn)이 말하는 패러다임의 변화를 예로 든다. 정상과학의 시기에 문제를 해결하려는 시도는 특정한 패러다임 내에서만 이루어지도록 규제된다. 그러나 너무 많은 시도가 실패하면 연구자는 이 패러다임 자체의 유효성을 의심하게 된다. 이어 새로운 패러다임을 탐색하고 그 안에서 문제를 풀어낸다. 이 문제는 패러다임의 교체, 즉 세계의 재조직화를 통해서만 풀 수 있는 문제였던 것이다.

인간의 목적은 창조적으로 발견되며, 창조적 발견은 때로 세계의 재조직화까지 요구한다. 어떤 과제는 이 재조직화를 통해서만 해결될 수 있다. 그렇다면 인간의 목적성을 구현하지 못하는 AI가 풀 수 있는 과제에는 한계가 있을 것이다.

참고문헌

Dreyfus, H.(1972). Ch. 9. The Situation as a Function of Human Needs. *What Computers Can't Do: A Critique of Artificial Reason.* New York, NY: Harper & Row.

Kierkegaard, S.(1987). *Either/Or Part II.* Hong, H. V. & Hong, E. H.(trans.). Princeton, NJ: Princeton University Press. 임춘갑 옮김(2012). ≪이것이냐 저것이냐 2≫. 치우.

Kierkegaard, S.(1992). *Concluding Unscientific Postscript to Philosophical Fragments, Volume 1.* Hong, H. V. & Hong, E. H.(trans.). Princeton, NJ: Princeton University Press.

Kuhn, T.(1962). *The Structure of Scientific Revolutions.* Chicago, IL: University of Chicago Press. 김명자·홍성욱 옮김(2012). ≪과학혁명의 구조≫. 까치글방.

08
기량

지적 과제를 수행하는 인간의 통상적 방식은 계산적 추론이 아니다. 인간은 세계 속에서 목적을 창조적으로 발견하면서 신체적으로 과제를 수행한다. 이러한 방식이 기량이다. 인간 기량의 발달 단계는 양적인 변화뿐 아니라 유형 자체의 변화도 동반한다. 인간은 기량의 초기 단계에서는 계산주의적 지성을 나타내지만, 기량이 향상되면서 직관적 지성으로 이행한다.

사실 인식과 실천 인식

1950~1960년대 AI 연구는 기대된 성과를 내지 못했다. 드레이퍼스는 이 실패가 계산주의적 지성관에 기인한다고 진단하고, 인간 지성이 어떻게 계산주의적 이성과 다른 방식으로 작동하는지 현상학에 의거해 보여 주었다. 그럼에도 AI 연구는 계산주의적 이성이라는 전제를 수정하지 않고 계속되었을 뿐 아니라 개인용 컴퓨터의 발명과 함께 더욱 확산했다. 이에 드레이퍼스는 1986년 동생 스튜어트와 함께 다시 한번 AI에 대한 비판서 ≪기계에 대한 정신의 우위≫를 펴낸다. 이 책의 중심 개념은 기량(skill)이다.

기량은 인간이 세계 속에서 목적을 창조적으로 발견하며 신체적으로 과제를 수행하는 능력이다. 기량은 지성을 포괄하지만, 지성에 국한되지 않는다. 그것은 우리가 무언가를 해내는 능력, 실천적 능력이다. 인간의 지적 능력을 기량으로 본다는 것은 그것을 이론적 활동이라기보다 실천적 활동으로 봄을 뜻한다. 철학자 길버트 라일(Gilbert Ryle)의 사실 인식(knowing that)과 실천 인식(knowing how)의 구별이 이를 이해하는 데 도움이 될 것이다.

앎에 대한 우리의 통상적 이해에서 앎은 이론적인 것이다. 사실이나 명제를 정신 속에 담고 있음을 뜻한다. "파리는 프랑스의 수도다", "지구는 태양 둘레를 돈다" 같은 명제를 이해하고 머릿속에 담고 있을 수 있다면, 그래서 누군가가 물어볼 때 대답할 수 있다면, 우리는 그 사실을 알고 있는 것이다. 그러나 실제로 우리가 '앎'이라는 표현을 사용하는 용법을 관찰해 보면, 정신에 명제를 저장하는 것이 아닌 많은 경우에도 우리가 그 표현을 사용한다는 사실이 드러난다. 예를 들어 우리는 누군가가 수영할 줄 "안다"고 말한다. 이는 수영하는 방법에 대한 명제적 지식을 가지고 있다는 뜻이 아니다. 수영에 관한 모든 지식을 갖고도 수영할 줄 모르는 것은 가능하다. 수영할 줄 안다는 것은 실제로 몸을 움직여 물에 떠서 이동하는 능력을 갖고 있음을 뜻한다. 라일은 명제적 지식을 정신에 저장하는 앎을 사실 인식, 무엇을 행할 줄 앎을 실천 인식이라고 부른다.

어떤 사람은 실천 인식을 우리의 지적 능력과 분리하려 할 것이다. 수영할 줄 안다는 것은 신체적 능력일 뿐이며, 정신적 능력과 상관없고, 이 경우 우리가 "알다"라는 말을 잘못 사용하고 있다는 식으로 말할지도 모른다. 그러나 여러 지적 활동을 관찰해 보면 그러한 활동이 명제를 외우는 것보다는 수영할 줄 아는 것과 유사하다는 점이 드러난다. 예를 들어 체스를 두는 것은 명백히 지적 활동이다. 그러나 체스를 둘 줄 안다는 것이 체스의 규칙을 외우고 있다는 뜻은 아니다. 체스 규칙을 모두 알면서도 체스를 둘 줄 모를 수도 있다. 마찬가지로 말하는 것도 지적 활동이지만, 말에 대한 명제적 지식 즉 발음, 문법, 단어에 대한 지식을 안다는 것과 말할 줄 안다는 것은 다르다. 우리가 하는 지적 활동의 많은 부분은 실천 인식이 담당한다.

사실 인식과 실천 인식의 습득 방식은 다르다. 사실 인식은 명제들을 암기함으로써 습득된다. 반면 실천 인식은 연습을 통해 습득된다. 체스 두기를 반복하면서 체스 능력이 향상되고, 말을 하고 듣기를 반복하면서 언어 능력이 향상된다.

AI 연구를 진행하면서 연구자들은 AI가 세계를 학습할 필요가 있다는 점을 깨달았다. 세계 학습을 구현하기 위해 그들은 명제적으로 정리된 상식 데이터베이스를 구축하려 했다. 그러나 이처럼 명제적으로 정리하려 할 때 상식 데이터베이스는 끝없이 거대해진다. 저장하는 것은 물론이고 저장된 상식들로부터 과제에 유관한 상식을 끄집어내는 것도 난제가 되고 만다. 사실 인식과 실천 인식의 구별은 지적 활동에 필요한 학습이 명제의 저장을 통해 이루어지지 않음을 보여 준다.

기량 발달의 다섯 단계

실천 인식은 무언가를 수행하는 기량이라고도 말할 수 있다. 인간은 연습을 통해 기량을 향상한다. 드레이퍼스 형제는 기량의 발달 단계를 다섯 단계로 나눠 분석한다. 여기서 드러나는 것은 기량의 발달이 양적 변화에 불과하지 않으며, 기량의 유형 자체의 변화를 수반한다는 점이다.

기량 발달은 초심자(novice) 단계에서 시작한다. 초심자는 독립된 요소와 사실을 배우고, 이를 행위와 연결하는 규칙을 습득한다. 운전의 경우에서 초심자는 속도, 기어, 거리 같은 맥락 없는 요소들을 배운다. 그리고 "속도가 x가 되면 기어를 올려라", "속도가 x일 때 앞차와의 거리는 y여야 한다" 같은 마찬가지로 맥락 없는 규칙들을 배운다. 배움의 시작에서는 맥락을 무시할 필요가 있다. 사실을 맥락과의 관계하에서 이해하려고 하면 초심자는 혼란에 빠져 제대로 학습할 수 없을 것이다. 그러나 바로 이 때문에 초심자는 실제 상황에 잘 대처하지 못한다. 실제 도로에서 운전자는 통행량, 날씨, 신호등 상황 같은 온갖 맥락들에 따라서 운전을 다르게 해야 한다. 체스 초심자도 마찬가지로 맥락 없는 요소, 사실, 규칙을 배운다. 여기에는 내가 잡는 말의 가치가 내가 잃는 말의 가치보다 높다면 말을 희생해 상대 말을 잡는다는 식의 전략적 규칙도 포함된다. 이러한 규칙도 실제 상황에서는 실패할 수 있다. 상대가 희생 전술을 써서 일부러 말을 버릴 수도 있기 때문이다.

상급 초보자(advanced beginner)는 맥락을 배우기 시작한다. 교사에게서 그리고 경험으로부터 신경 써야 할 상황과 맥락을 배운다. 자신이 배운 규칙들이 상황과 맥락에 따라 다르게 수행되어야 한다는 점을 깨닫는다. 운전에서 상급 초보자는 속도계에 맞추어 기계적으로 기어를 조절하지 않는다. 엔진 소리를 듣고 그에 따라 기어를 조작하는 법을 배운다. 체스에서 상급 초보자는 말들이 이루는 전체적인 배치를 이해하기 시작한다. 이제 말들은 서로 독립된 요소로 머물지 않고 서로 연관되어 상황을 이룬다.

상급 초보자는 학습하면서 점점 더 많은 요소와 상황을 배운다. 지식이 늘어 갈수록 이들을 하나하나 따라가는 것이 어렵거나 심지어 불가능하다고 느낀다. 상급 초보자가 다음 수준으로 올라가려면 개별 요인과 상황을 하나씩 검사하는 대신 전체를 일괄적으로 파악해야 한다. 상급 초보자가 겪는 또 다른 문제는 요소들 사이의 위계를 상황에 따라 적절하게 처리하기가 힘들다는 것이다. 수많은 요소들이 서로 주목을 얻으려고 경쟁하는 복잡한 상황에서, 상급 초보자는 중요한 것을 놓치거나 심지어 아무것도 하지 못할 수도 있다. 가령 병실에서 상급 초보 간호사는 여러 아기들의 여러 수치를 빠짐없이 검사해야 한다는 과제와 우는 아이에게 조치를 취해야 한다는 과제 사이에서 어쩔 줄 모른다.

이들 문제를 극복하려면 상황에 대한 관점을 조직하고 이에 따라 위계를 설정해 가장 중요한 일부터 처리해야 한다. 그런데 이처럼 상황을 조직하는 관점은 가르칠 수 없다. 상황의 조직과 위계 자체가 상황에 따라서 변화하기 때문이다. 행위자는 자신의 관점으로부터 상황을 조직해 복잡한 실제 상황에 대처하는 법을 익혀야 한다. 이를 통해 행위자는 숙련성(competence)을 획득한다. 이는 중대한 단계 상승이다.

GOFAI가 가질 수 있는 기량은 숙련자 수준이었다. 확실히 이 수준은 요소와 사실을 여전히 붙잡은 채 이를 수 있는 최고 수준의 기량으로 보인다. 그러나 드레이퍼스 형제는 인간의 기량에는 더욱 높은 수준이 있음을 보여 준다.

숙련자는 상황을 전체적으로 파악하나, 이는 여전히 요소들에 대한 숙고와 분석을 통해 이루어진다. 그러나 더 높은 기량의 행위자는 숙고 없이 상황을 파악한다. 말하자면 그는 주어진 상황을 직관적으로(intuitive) 파악한다. 이 수준을 드레이퍼스 형제는 능숙성(proficiency)이라고 부른다. 숙련성과 능숙성의 차이는 시간이 결부된 행위에서 잘 드러난다. 운전할 때 숙련자는 도로의 혼잡도, 날씨, 차의 속도와 엔진 소리 같은 요소들을 자신의 관점에서 종합해 상황을 파악한다. 그러나 여기에는 시간이 든다. 능숙성에 이른 운전자는 차와 도로의 상황을 곧바로 파악한다.

능숙성의 단계에서도 대응은 여전히 숙고를 요구한다. 그러나 반복되는 연습을 통해 기량을 더욱 향상하면, 인간은 대응조차 직관적으로 할 수 있게 된다. 이러한 수준을 드레이퍼스 형제는 전문성(expertise)이라고 부른다. 전문가는 상황을 직관적으로 파악할 뿐 아니라 상황에 대한 대처도 직관적으로 결정한다.

수많은 몰입적 경험을 통해 전문가는 상황 파악과 대처의 엄청나게 거대한 레퍼토리를 보유한다. 그러나 그는 이를 의식하지 않는다. 비유하자면 기량은 마치 그의 몸이 된 것 같다. 그는 팔과 다리를 움직이듯 자연스럽게 기량 있는 행위를 한다. 전문적인 운전자는 차와 도로의 상황을 파악하는 동시에 대응한다. 이에 따라 그는 급박한 상황에서도 적절하게 커브를 돌거나 멈출 수 있다. 프로 체스 선수들은 수 초 안에 행보를 할 때에도 실력 감소를 거의 보이지 않는다. 이러한 수준의 기량에서 행위는 더 이상 문제 풀이가 아니다. 전문가는 문제를 푸는 것이 아니라 자연스러운 행위를 할 뿐이다.

물론 이는 전문가가 직관만으로 모든 것을 할 수 있다는 뜻은 아니다. 분석이 필요한 상황이 있을 수 있다. 지금까지의 수많은 경험을 통해서도 겪지 못한, 새로운 숙고가 필요할 정도로 충분히 새로운 상황이나 여러 행위가 비슷하게 적절한 것으로 떠오르는 상황이 있을 수 있다. 그러나 이때에도 대개 전문가는 계산을 통해 해법으로 가지 않는다. 오히려 직관을 통해 획득된 해법을 계산적으로 검토한다.

전문성이 어떤 것인지 파악하기 위해 꼭 전문가의 수행을 관찰하고 거기에 이입할 필요는 없다. 우리 모두가 우리가 늘 하는 행위에서 전문가이기 때문이다. 가령 인간은 일상회화의 전문가다. 인간 대부분은 일상적 대화라는 지적 작업을 그저 자연스럽게 한다. 여러 가지 신호를 통해 상대의 반응을 파악하고, 다양한 대화 맥락에 따라 대화를 이어가는 것은 문제 풀이가 아니라 자연스러운 행위다. 낯선 대화 상황이나 특별히 어려운 상황에서야 인간은 말을 숙고해 고른다. 또한 인간은 얼굴 알아보기의 전문가다. 대개 인간은 다른 사람의 눈, 코, 입의 생김새를 개별적으로 파악하고 분석해 사람을 알아보지 않는다. 계산 없이 자연스럽게, 직관적으로 눈앞의 사람이 누구인지 알아본다.

능숙하거나 전문적인 행위자의 직관은 비이성적인 육

감 같은 것이 아니다. 말하자면 수많은 몰입적 경험에서 오는 유사성 인지다. 이전에 자신의 관점에 따라 상황을 규정한 수많은 경험 덕에 행위자는 지금 주어진 상황이 어떤 것인지, 여기서 무엇을 해야 하는지 바로 알 수 있다.

드레이퍼스 형제의 분석은 기량 발달이 양적 증대에 불과하지 않으며 유형의 변화, 계산에서 직관으로의 변화를 수반함을 보여 준다. 초심자와 상급 초보자는 판단하지 않는다. 숙련자는 의식적 숙고를 통해 판단한다. 능숙하거나 전문적인 자는 자신의 경험으로부터 직관적으로 판단한다. 이로써 계산주의적 지성 외의 지성이 있을 뿐 아니라 그 지성이 계산주의적 지성보다 더 높은 수행 능력을 지님이 드러난다.

참고문헌

Dreyfus, H.(2009). Ch. 2. How Far is Distance Learning from Education?. *On the Internet*(Second Edition). London; New York, NY: Routledge. 최일만 옮김(2015). ≪인터넷의 철학≫. 필로소픽.

Dreyfus, H. & Dreyfus, S.(1986). Ch. 1. Five Steps from Novice to Expert. *Mind Over Machine: The Power of Human Intuition and Expertise in the Era of the Computer*. New York, NY: Free Press.

Ryle, G.(1949). *The Concept of Mind*. Chicago, IL: University of Chicago Press. 이한우 옮김(1994). ≪마음의 개념≫. 문예출판사.

09
GOFAI의 한계와 직관적 기량의 상실

지적 영역은 단순한 작업부터 복잡한 영역까지 네 가지 영역으로 나눌 수 있다. 이 중 가장 높은 영역에서는 계산주의적 지성이 아니라 직관적 지성이 활동한다. 계산주의적 지성관은 AI가 이 영역에서 성공하지 못하도록 가로막는다. 더 나아가 계산주의적 지성관은 AI 연구 너머에서도 함의를 지닌다. 사회가 계산주의적 지성에만 주목할 때, 인간은 수준 높은 수행에 필요한 직관적 기량을 상실할 위험이 있다.

GOFAI의 한계

드레이퍼스의 연구는 계산주의적 지성과 다른 지성이 있음을 보여 준다. 계산주의적 지성은 단속적 요소들에 규칙들을 순차적으로 적용해 결과에 이르는 방식으로 작동한다. 잘 정의된 단순한 문제를 효과적으로 풀 수 있는 계산주의적 지성은 실제 세계 속 복잡한 과제들 앞에서 무력해진다. 인간은 이러한 과제를 계산주의적 지성과 완전히 다른 지성을 통해 해결한다. 인간에게는 세계 속에서 목적을 창조적으로 발견하면서 신체적으로 과제를 수행하는 기량이 있다. 기량의 높은 수준에서 인간은 계산 없이 직관적으로 상황을 파악하고 그것에 대처한다. 이러한 지성을 우리는 직관적 지성이라고 부를 수 있다.

직관적 지성은 인간의 지적 활동에 부수적인 것이 아니다. 오히려 인간 지성의 활동 대부분은 우선 직관적 지성을 통해 이루어진다. 언어, 게임, 패턴 인식과 실제 삶에서 적절하고 빠르게 판단하고 대처할 수 있게 하는 것은 직관적 지성이다. 대체로 계산주의적 지성은 직관적 지성이 충분히 결론까지 이를 수 없는 곳에서 이를 보완하는 역할을 한다.

인간에게서 두 유형의 지성을 구별하고 각각의 성격을

밝힌 후, 드레이퍼스는 GOFAI를 전체적으로 평가할 수 있게 됐다. 한편으로 이 평가는 AI 연구의 난점과 그 극복에 관한 학문적 검토다. 그러나 계산주의적 지성관은 AI 연구 특유의 관점이 아니라 현대 사회에 만연한 관점이다. 따라서 드레이퍼스는 이러한 관점이 사회에서 갖는 함의에 대한 경고로까지 나아간다.

드레이퍼스는 GOFAI의 한계를 체계적으로 평가하기 위해 지적 활동이라고 불리는 것들을 네 가지 영역으로 분류한다. 연상주의적(associationistic) 영역, 단순 형식적(simple-formal) 영역, 복잡 형식적(complex-formal) 영역, 비형식적(nonformal) 영역이 그것이다.

연상주의적 영역(영역 I)은 자극-반응 심리학이 다루는 영역이다. 이 영역에서는 요소들이 의미와 맥락 없이 독립적이고 직접적으로 결과를 야기한다. 기억력 게임이나 단순한 단어-단어 변환 번역 같은 지적 활동이 여기에 해당한다. 이러한 수준의 지적 활동을 프로그래밍하는 데에는 아무런 어려움이 없다.

단순 형식적 영역(영역 II)은 독립적인 개념들과 규칙들이 이루는 형식적 영역이다. 틱택토처럼 계산 가능한 게임, 논리 추론의 명시적 규칙을 통한 계산, 명확하고 독립적인 특징들을 식별하는 패턴 인식 같은 지적 활동이 여기에 포함된다. 이 영역은 알고리듬을 통해 프로그래밍될 수 있으며, GOFAI에 가장 적합한 영역이라고 할 수 있다.

복잡 형식적 영역(영역 III)은 GOFAI에 여러 문제를 제기한 난해한 영역이다. 여기서 일어나는 일은 요소들로 환원될 수 있지만, 계산될 수는 없다. 요소의 수에 따라 가능성이 기하급수적으로 증가하기 때문이다. 복잡 형식적 영역에서 휴리스틱이 필요한 것은 이 때문이다. 이 영역에는 체스 같은 계산 불가능한 게임이나 알고리듬 없는 증명 같은 지적 활동이 속한다. 이 영역은 어느 정도 프로그래밍될 수 있지만, 전적으로 프로그래밍되지는 않는다.

마지막으로 비형식적 영역(영역 IV)에는 명시될 수 없는 의미와 맥락이 있다. 정규성은 있지만 규칙은 없다. 이 영역의 지적 활동을 처리하는 방법은 규칙을 통해 배울 수 없고, 연습을 통해 습득할 수 있다. 이러한 지적 활동이 가장 잘 드러나는 곳이 자연언어 처리다.

계산주의적 지성과 직관적 지성의 구별을 고려하면 이 영역들 사이에 양적 차이만 있지 않음을 알 수 있다. 영역 I부터 영역 III까지는 양적 증가를 보여 주지만, 영역 IV는 앞의 영역들과 유형이 다르다. 어떤 의미에서 그것은 다른 영역보다 '더 복잡한' 것도, 다른 영역 '후에' 오는 것도 아니다. 오히려 인간은 계산주의적 지성이 발달하기 전인 유아기부터 영역 IV의 방식으로 세계와 관계할 수 있다.

GOFAI 연구는 이러한 구별을 행하지 않았다. 그래서 영역 II, 영역 III에서 통하는 해법(알고리듬과 휴리스틱)을 영역 IV에 적용하려고 시도했다. 다른 한편으로는 영역 IV에서 통하는 직관적 판단을 추측 규칙으로 만들어 영역 III에 사용하려고 시도했다. 그러나 어느 쪽이든 이는 서로 다른 지성의 영역을 혼동하는 것이다.

따라서 인간 지성을 구현하려면 직관적 지성을 구현해야 한다. 문제는 우리가 직관적 지성을 구현할 방법을 알지 못한다는 데 있다. 드레이퍼스는 AI가 영역 III 너머로 발전하는 데 필요한 것 세 가지를 꼽는다. 첫째, 신체가 없는 AI에게 인간의 '조준하는' 능력과 비슷한 전체론적 파악 방법을 어떻게 줄지 알아내야 한다. 둘째, 상황에서 문제를 '발견하는' 능력을 찾아야 한다. 구체적 상황에서 무엇이 문제인지 간파하는 능력은 비본질적인 것과 본질적인 것을 구별하고 그 구조를 통찰하는 일을 요한다. 셋째, 상황 속에 있지 않은 AI가 환경을 전체론적 방식으로 받아들이게 할 방법을 찾아야 한다. 드레이퍼스가 보기에 이 세 문제를 해결할 발견들은 아직 이루어지지 않았고, 그것들이 어떤 형태일지조차 상상되지 못하고 있다.

계산주의적 지성관에 의한 직관적 기량 상실

계산주의적 지성관 탓에 AI 연구는 학문적·공학적 난관에 부딪혔다. 그러나 계산주의적 지성관은 AI 연구에만 국한되지 않는다. 그것은 사회에서도 발견되며, 그 안에서 귀결을 갖는다.

드레이퍼스는 현대 사회에서 계산주의적 지성관에 따른 의사결정 과정이 우위를 점하는 것을 본다. 예를 들어 현대 기업에서 의사결정은 더 이상 실제 경영 경험으로부터 획득한 직관적 기량을 통해 이루어지지 않는다. 자산 운용과 투자는 현재의 사회적·경제적 상황에 대한 직관적 파악이 아니라 수학적 계산에 근거해 이루어진다. 여기에는 장점이 있다. 여러 사람들의 협력을 통해 의사결정이 이루어지는 큰 조직에서 객관성과 명시성을 통해 설득력을 확보한다는 점이 그것이다.

그러나 사회적·경제적 상황은 계산주의적 지성이 잘 다룰 수 있는 영역 II에 속한다기보다는 불완전하게만 다룰 수 있는 영역 III이나 다룰 수 없는 영역 IV에 속한다. 사회에서 요소들의 가치는 상황과 맥락에 의존하며, 그 가치에 기반한 결정은 먼 미래까지 이르는 귀결을 낳고, 이러한 상황에서의 선택 기준은 명시적 규칙으로 정식화될 수 없다.

이러한 곳에서 계산주의적으로 의사결정을 한다면 그 결정은 기량의 능숙성이나 전문성 단계에 이를 수 없다. 드레이퍼스는 계산주의적 지성관이 의사결정에서 지배적이 될 때 우리가 직관적 기량을 잃고 질적으로 저하된 수행을 하게 되리라고 우려한다.

그렇다면 기업이나 정부 같은 거대 조직의 의사결정이 근거 없이 한 전문가의 직관을 통해 이루어져야 한다는 것일까? 그런 것은 아니다. 드레이퍼스가 제안하는 방법은 계산주의적 지성이 직관적 지성을 보조하는 것이다. 여기에는 여러 가지 방식이 있을 수 있다. 첫째, 직관적 지성이 직관적으로 발견한 조치의 타당성을 계산주의적 지성이 검토할 수 있다. 둘째, 직관적 지성이 지금 상황을 과거 상황과 비슷하면서도 차이가 있는 것으로 제시할 경우 이 차이가 얼마나 중요하고 고려할 만한지 파악하는 데 계산주의적 지성이 도움을 줄 수 있다. 셋째, 직관적 지성이 선택한 바에서 감지되는 위험을 평가하는 데 계산주의적 지성이 도움이 될 수 있다. 넷째, 자신의 경험과 무관한 상황이어서 자신의 기량이 통용되는 상황이 아님을 깨달았을 때 계산주의적 지성에 의거할 수 있다. 이러한 사례들이 보여주듯 계산주의적 지성은 직관적 지성의 대안이 아니라 동료다. 그렇게 보지 않고 계산주의적 지성을 직관적 지성의 대안으로 이용한다면 우리는 숙련성보다 더 높은 기량은 잃고 말 것이다.

AI 발전으로 인한 직관적 기량 상실

AI에 대한 고찰로 돌아오자. 드레이퍼스는 AI의 발전 자체가 기량 상실을 가져올 수 있다는 점에 우려를 표한다. 산업혁명 이후 많은 육체노동이 기계에 의해 대체되었듯, 충분히 발전한 AI는 지적 노동을 대체할 수 있을 것이다. 블루칼라 노동에서 그랬듯 화이트칼라 노동에서도 많은 일자리가 사라질 것이라고 예상되어 우려를 낳고 있다. 그러나 드레이퍼스가 여기서 주목하는 것은 다른 문제, 직관적 기량 상실의 문제다. 직관을 통한 전문성이 필요한 영역에 AI가 도입된다면 숙련성보다 높은 기량은 상실될 것이다. 어떤 기업이 AI 프로그램을 만들어 신입이 이용하도록 한다면 신입은 바로 숙련자 수준의 수행을 할 수 있을 것이다. 그러나 이 회사의 직원들은 더 이상 기량을 향상할 수 없을 것이다. 기량을 향상할 수 있는 몰입적 실습의 기회가 차단되기 때문이다. 이런 식으로 AI 도입은 기량을 숙련성 수준에 고정하고, 전문성을 잃게 할 수 있다.

물론 우리가 모든 전문성을 보존하기를 원하는 것은 아니다. 가령 우리는 단순하고 반복적인 지적 작업을 위한 기량은 즐거이 컴퓨터에게 위임할 수 있을 것이다. 그러나 상황 파악과 대처 방안 결정을 위한 기량 역시 이처럼 잃어도 무방할지는 의심스럽다. 이에 따라 드레이퍼스는 우리가 사회의 어느 영역에서 전문성을 유지하기를 원하는지 진지하게 검토할 필요가 있다고 말한다.

이러한 드레이퍼스의 경고는 1980년대 전문가 시스템 도입 시도를 배경으로 한다. 당시 드레이퍼스는 숙련자 수준에 머무르는 GOFAI 전문가 시스템 탓에 사회가 전반적으로 상위 기량을 잃게 될 것이라고 우려했다. 그런데 이 문제는 지금 우리에게 더욱 강력한 형태로 다가오고 있다. AI가 숙련성 이상의 기량을 가질 가능성이 시야에 들어왔기 때문이다. AI가 숙련성 이상의 기량을 보이지 못할 때 우리는 결국 어떤 영역에서는 인간의 기량을 육성하고 이용해야 했다. 그러나 미래에는 이러한 영역에서조차 AI가 인간을 대체할 가능성을 배제할 수 없다. 우리는 인간의 중요한 기량들, 가령 새로운 표현 방식을 생각하는 능력이나 공감하고 위로하는 능력을 AI에게 위임하고 우리 자신은 그것들을 상실할지도 모른다. 이러한 기량이 과연 상실되어도 괜찮을지 숙고해야 한다.

참고문헌

Dreyfus, H.(1972). Ch. 10. The Limits of Artificial Intelligence. *What Computers Can't Do: A Critique of Artificial Reason.* New York, NY: Harper & Row.

Dreyfus, H. & Dreyfus, S.(1986). Ch. 6. Managerial Art and Management Science. *Mind Over Machine: The Power of Human Intuition and Expertise in the Era of the Computer.* New York, NY: Free Press.

10
신경망 AI와 AI의 미래

신경망 AI가 부상하고 있다. 신경망 AI는 인간의 계산적 지성이 아니라 뇌 신경망을 모방해 컴퓨터가 지적 과제를 수행하게 하려 한다. 단속적 자료에 규칙을 순차적으로 적용하는 대신 인간의 직관적 기량과 유사한 방식으로 지적 수행을 하는 신경망 AI는 게임, 언어, 이미지 처리 등 GOFAI가 도전했던 분야에서 큰 성공을 거두고 있다. 그러나 신경망 AI도 여전히 세계 속에서 목적을 창조적으로 발견하며 신체적으로 활동하는 인간 지성을 충분히 구현하지는 못하고 있다.

신경망 AI의 원리

계산주의적 지성에 근거한 GOFAI는 드레이퍼스가 지적한 한계를 넘지 못했다. 그렇다고 AI 연구가 끝나지는 않았다. 다른 원리에 따라 구현된 AI가 21세기에 급속도로 발전해, 막강한 능력으로 거대한 변혁을 예고하고 있다. 이 새로운 AI가 신경망 AI다.

신경망 AI의 위력을 대중에게 처음 알린 것은 2016년 알파고와 이세돌의 바둑 대국이었다. 이 사건 1년 후에 타계한 드레이퍼스는 새로운 AI 부흥을 검토하지 못했다. 그러나 드레이퍼스가 철학적 차원에서 행한 GOFAI에 대한 고찰은 신경망 AI의 성과, 과제, 위험을 평가하는 데 여전히 유용한 자료를 제공한다. 또한 드레이퍼스는 신경망 AI에 대한 약간의 검토 자료를 남긴 바 있다. 1992년 ≪컴퓨터가 하지 못하는 것≫을 수정해 ≪컴퓨터가 여전히 하지 못하는 것(What Computers Still Can't Do)≫으로 재출간할 때, 드레이퍼스는 서문에서 당대의 신경망 AI를 검토한다. 비록 그 폭이 충분하지는 않더라도 이는 신경망 AI를 평가하기 위한 중요한 통찰을 제공한다.

신경망 AI는 GOFAI와 완전히 다른 원리에 입각한다. GOFAI가 단속적 자료에 형식적으로 규칙을 적용하는 인간의 계산 활동을 모델로 삼았다면, 신경망 AI는 인간의 뇌 자체를 모델로 한다. 인간의 뇌를 이루는 신경망을 모방해 컴퓨터가 지적 과제를 수행하게 하려 한다.

인간의 뇌는 뉴런(neuron, 신경세포)이라고 불리는 특별한 세포로 이루어져 있다. 뉴런의 기능은 신호를 받고 신호를 발사하는 것이다. 뉴런의 핵 주변에 있는 가지돌기는 신경전달물질을 통해 화학 신호를 받아들인다. 화학 신호가 충분해지면 뉴런은 길게 뻗어 있는 축삭으로 전기 신호를 쏘아 보낸다. 이것을 발화(firing)라 한다. 축삭 끝까지 전기 신호가 전달되면 끝의 축삭돌기에서 신경전달물질이 방출된다. 축삭돌기는 다른 뉴런의 가지돌기와 이어져 있어 한 뉴런의 신호가 다른 뉴런으로 전달된다. 축삭돌기와 가지돌기의 연결 부위를 시냅스라고 하는데, 뉴런 하나는 수백 개에서 천여 개의 시냅스를 가지고 있다. 뇌에 뉴런 수백억 개가 있다는 점을 고려하면, 뇌가 이루는 뉴런의 망이 얼마나 복잡한지 상상할 수 있을 것이다.

신경망 AI는 이러한 신경망을 모방한다. 뇌를 충실히 재현하는 것은 아니고, 인간의 신경망을 수학적으로 추상화해 모방한다. 그 기반을 놓은 것이 워런 매컬러(Warren McCulloch)와 월터 피츠(Walter Pitts)의 연구인 "신경 활동에 내재하는 관념들의 논리적 연산(A Logical Calculus of the Ideas Immanent in Nervous Activity)"(1943)이다. 매컬러와 피츠는 뉴런을 입력, 문턱, 출력을 갖는 일종의 수학적 스위치로 추상화했다. 뉴런은 다른 뉴런으로부터 입력을 받는다. 입력의 총합이 문턱 이상이 되면 뉴런이 발화한다. 뉴런이 발화하지 않으면 출력값은 0이고, 발화하면 출력값이 1이다. 매컬러와 피츠는 뉴런이 AND, OR, NOT이라는 기본적인 논리적 연산을 할 수 있음을 보여 주었다. 이에 더해 1949년 도널드 헵(Donald Hebb)의 ≪행동의 조직화(Organization of Behavior)≫는 뉴런의 '학습'에 대한 발상을 제공했다. 헵은 연결된 뉴런이 함께 발화하는 일이 반복되면 한쪽의 발화가 다른 쪽의 발화를 촉진한다는 '헵의 규칙'을 제시했고, 이를 구현하기 위해 뉴런에 입력값의 가중치를 도입했다.

이러한 연구를 바탕으로 1958년 프랭크 로젠블랫(Frank Rosenblatt)은 '퍼셉트론(perceptron)'을 고안했다. 하나의 입력층과 하나의 출력층으로 된 이 단층 퍼셉트론은 입력층의 뉴런들에 다양한 가중치를 할당한 채로 시작한다. 그 다음 출력을 올바른 출력과 비교해, 차이가 나면 가중치를 조절한다. 이렇게 출력이 올바른 출력이 될 때까지 가중치를 조절하는 것이 학습이다. 퍼셉트론은 학습 가능한 최초의 인공신경망이었다.

GOFAI와 비슷한 시기에 시작되었지만, 20세기 후반에 신경망 AI의 전망은 그다지 밝지 않았다. 기본적 논리 연산에는 AND, OR, NOT만이 아니라 XOR도 있다. OR은 두 입력 중 하나라도 참이면 참이지만, XOR은 두 입력 중 단 하나만 참일 때에 참이다. 그런데 단층 퍼셉트론은 XOR 연산을 할 수 없다. 그렇다고 다층 퍼셉트론을 개발하기에는 충분한 알고리즘도, 연산력도 없었다. 이 때문에 천천히 진행되던 신경망 AI 연구는 21세기에 들어 꽃을 피운다. 적절한 다층 신경망 구조가 개발되었을 뿐 아니라 비할 바 없이 향상된 컴퓨터의 연산력에 힘입어, 그리고 인터넷을 통해 방대한 학습 자료를 수집할 수 있게 되면서 다층 신경망 AI의 능력은 급성장했다.

신경망 AI의 성과와 한계

다층 신경망의 디프러닝을 통해 AI가 인간 고유의 능력으로 보였던 지적 작업에서 얼마나 뛰어난 능력을 보이는지는 새삼 강조할 필요가 없을 것이다. 2000년대에 들어 신경망 AI는 GOFAI가 실패했던 온갖 과제들을 훌륭히 수행했다. 2012년의 알렉스넷(AlexNet)은 이미지 인식에서 다른 프로그램과는 비교할 수 없는 성능을 자랑했다. 그것은 GOFAI의 패턴 인식 능력을 훨씬 뛰어넘었다. 2016년 알파고와 이세돌의 대국은 신경망 AI의 능력을 대중에게 알렸다. 1990년대에 GOFAI가 인간 체스 챔피언을 꺾은 후에도 훨씬 많은 선택지를 지닌 바둑은 AI가 범접할 수 없는 영역으로 여겨졌다. 이러한 통념을 깨고 알파고는 신경망 AI가 바둑에서조차 인간을 압도할 수 있음을 보여 주었다. 2022년 챗GPT 3.5는 마치 인간의 말을 이해하고 대화를 나눈다는 느낌이 들 정도로 자연언어를 훌륭히 구사해 학계부터 일반인에 이르는 많은 사람들에게 충격을 주었다. 비슷한 시기에 등장한 이미지 생성 AI는 AI가 패턴이나 이미지를 인식하는 것을 넘어 생성할 수도 있음을 증명했다.

신경망 AI의 도구적 성과는 부인할 수 없으며, 그것은 점점 더 향상될 것이다. 인간은 신경망 AI가 가져올 미래에 대해 계속해서 사회적·윤리적·정치적 논의를 해야 할 것이다. 그러나 이 책은 이 문제까지 건드리지는 않을 것이다. 우리는 인공 이성 비판이라는 드레이퍼스의 관심사에 머무르며, 신경망 AI와 인간 지성의 관계에 대한 약간의 고찰을 시도할 것이다.

신경망 AI는 "컴퓨터가 하지 못하는 것"으로 생각되었던 여러 과제를 해낸다. 게임에서 GOFAI가 하지 못한 것은 계산 없는 조준이었다. 반면 알파고는 수 계산을 하지 않는다. 반복되는 수많은 대국으로부터 학습한 신경망은 곧바로 유의미한 수를 향한다. 챗GPT는 언어 영역에서 GOFAI가 하지 못했던 모호성과 오류에 대한 용인을 보여준다. 챗GPT는 오류와 모호성이 있는 일상 언어로 말을 걸어도 적절하게 응답한다. 이미지 인식과 생성 과정에서 신경망 AI는 맥락 없는 특징들을 명시하지 않는다.

신경망 AI는 단속적 요소를 순차적으로 처리하는 계산주의적 방식으로 작동하지 않는다. 신경망 AI도 컴퓨터이기 때문에 과제는 수로 변환되어 망에 입력되어야 한다. 그러나 망에 입력된 수들은 단속적으로 처리되지 않고, 동시에 상호작용하면서 전체로서 하나의 결과를 산출한다. 망 속에서 세계에 대한 단속적 표상이 발견되는 것도 아니다. 가령 신경망 AI가 사자를 식별할 때, 신경망의 층 어디에서도 사자의 특징들(갈기, 황색 등)의 표상 같은 것은 발견되지 않는다. 그러므로 신경망 AI는 그 자체로 계산주의적 지성관에 대한 반론이다.

그렇다면 그다음에 던져야 할 질문은, 신경망 AI가 얼마나 인간적인 지성이냐다.

드레이퍼스는 두 가지 문제를 지적한다. 첫째는 신경망

AI의 일반화 문제다. 신경망 AI는 단속적 데이터 없이 일반화를 하는 것처럼 보인다. 그러나 그것은 일반화를 하기만 해서는 안 되고, 인간에게 유용한 일반화를 해야 한다. 가령 신경망 AI는 사진에서 '나무'나 '탱크'를 식별해야 하지, 인간이 인지조차 못 하는 미묘한 시각적 패턴을 식별해서는 안 된다. 그래서 인간이 AI가 무엇을 일반화할지 지정해 줘야 하고, AI가 제대로 일반화했는지도 검사해야 한다. 그러나 인간 지성의 핵심은 일반화를 배우는 것만이 아니라 스스로 적절한 일반화를 찾아내는 데에도 있다. 이런 맥락에서 AI는 인간적 일반화를 하지 못한다.

둘째는 신경망 AI의 학습 문제다. 지도학습(supervised learning)이라는 학습 방식에서 신경망 AI는 성공과 실패를 미리 주어진 기준에 따라 판단한다. 그러므로 좋고 나쁨을 결정하는 것은 인간이다. 지도학습이 지닌 또 다른 문제는 학습에 사용된 환경을 벗어나면 AI가 무력해진다는 것이다. 반면 인간 지성은 환경과 어떻게 상대할지를 스스로 배우며, 환경의 변화에 따라 자신을 조정할 수 있다.

강화학습(reinforced learning)은 이 문제를 풀기 위해 고안되었다. 여기서 AI는 세계에서 받는 보상에 따라 성공과 실패를 판단한다. 그래서 AI는 설계자의 지시 없이 세계와의 관계 자체로부터 학습할 수 있다. 이는 AI가 세계의 변화에 적응할 수 있게 한다. 그럼에도 강화학습은 여전히 인간적 학습에 미치지 못한다. 인간은 상황의 수가 학습에서 마주치는 것보다 훨씬 많은 상황에서도 배울 수 있다. 또한 인간은 상황을 관점에 따라 마주해 유관성을 능동적으로 찾을 수 있다.

이러한 문제는 신뢰할 만한 도구로서 AI를 제작하려는 목표와 유관하다. AI가 인간에게 무용한 방식으로 일반화를 하지 않는다면, 그리고 AI가 환경의 변화에 스스로 적응할 수 있다면 AI는 더욱 신뢰할 만할 것이다. 더 나아가 이러한 문제는 인공 일반 지능(Artificial General Intelligence, AGI) 즉 특정한 목적을 수행하는 도구가 아니라 일반적인 방식으로 세계와 관계하는 AI를 구현하는 데 핵심적이다. AGI는 스스로 일반화하고, 세계에서 배우며, 이에 따라 세계에서 유관성을 능동적으로 찾을 수 있어야 한다. 이러한 수준에 이르기까지 신경망 AI는 아직 먼 길을 가야 할 듯하다.

AI의 미래

신경망 AI가 GOFAI보다 훨씬 인간과 유사한 기량을 보이며, 훨씬 큰 성과를 보임은 확실하다. 그러나 신경망 AI의 기량이 얼마나 인간의 기량에 가까운지는 더 상세히 검토할 필요가 있다. 기량은 세계 속에서 목적을 창조적으로 발견하면서 신체적으로 과제를 수행하는 능력이다. 신경망 AI는 이 능력을 어느 정도로 발휘하는가?

신경망 AI는 세계를 지닌 것 같다. 그것은 단속적 자료에 근거해 과제를 처리하지 않는다. 그러나 현재 AI의 세계는 한정되어 있으며 일의적이다. 한정되어 있다는 것은 각 AI가 인간 세계의 일부(언어, 이미지, 소리 등)에서만 활동함을 뜻한다. 일의적이라는 것은 한 대상이 하나의 층에만 속함을 뜻한다. 가령 인간에게 그림은 물리적 층위, 미적 층위, 경제적 층위, 윤리적 층위 등 다양한 층위에 동시에 속한다. 신경망 AI는 세계의 이러한 다층성을 아직 알지 못한다.

신경망 AI는 여전히 목적성을 지니지 않는다. 그것은 설계자에 의해 주어진 목표를 수행한다. 인간은 목적을 창조적으로 발견할 수 있다. 이는 인간 자신도 눈치채지 못하는 욕구의 준동에 기인한다. 이러한 것이 신경망 AI에서 구현될 수 있는지는 불명확하다. 물론 우리가 AI에게 목적을 창조적으로 발견할 능력을 주어야 하는지도 숙고해야 할 문제다.

세계성과 목적성의 문제는 결국 신체성의 문제를 가리킨다. 우리는 신체를 통해서 세계를 갖는다. 또한 우리가 신체적 존재이기에 우리 안에서 의식되지 못한 욕구들이 준동할 수 있다. 그렇다면 우리가 세계를 가질 수 있는 것, 목적을 가질 수 있는 것, 지성을 가질 수 있는 것은 우리가 신체적 존재이기 때문이 아닌가?

만약 특정한 용도를 위한 도구로서 AI를 넘어 AGI를 목표로 한다면, 우리는 신체성을 고려해야 한다. AGI는 더욱 충만한 세계를 가져야 하고, 목적의 창조적 발견 능력을 갖추어야 하고, 신체적 존재가 되어야 한다. 그러나 이때 그것은 더 이상 인공"지능"에 불과하지 않을 것이다. 참으로 인간적인 지성을 지닌 AI, 즉 AGI는 신체화된 AI에 이르러서야 가능할지도 모른다. 엔비디아, 테슬라 등 AI 테크놀로지 기업들이 신경망 AI를 탑재한 로봇 연구에 많은 투자를 하고 있는 것은 이 때문일 것이다. 신체화된 AI가 사회에 가져올 충격은 신경망 AI가 준 것보다 훨씬 클 것이며, 우리는 이 충격에 대비해야 할 것이다.

참고문헌

Dreyfus, H.(1992). Introduction to the MIT Press Edition. *What Computers Still Can't Do: A Critique of Artificial Reason.* Cambridge, MA: MIT Press.

휴버트 드레이퍼스(Hubert Dreyfus, 1929~2017)

AI 연구 초기부터 '인공 이성 비판' 작업을 행한 철학자다. 하버드대학교에서 철학을 공부하고 MIT와 캘리포니아대학교 버클리캠퍼스에서 철학 교수를 지냈다. 주된 연구 분야는 현상학과 IT 기술 검토였다. 초기 AI 연구에 대한 근본적 비판을 담은 ≪컴퓨터가 하지 못하는 것: 인공 이성 비판≫(1972)으로 큰 논쟁을 야기했으나, 이후 AI 연구의 흐름이 그 통찰을 확증했다. ≪기계에 대한 정신의 우위≫(1986, 스튜어트 드레이퍼스와 공저), ≪인터넷의 철학≫(2001) 등에서 AI와 IT기술에 대한 비판 작업을 계속했다. 순수 철학서로는 ≪미셸 푸코: 구조주의와 해석학을 넘어서≫(1982, 폴 라비노프와 공저), ≪세계-내-존재≫(1990), ≪모든 것은 빛난다≫(2011, 숀 켈리와 공저), ≪실재론 되찾기≫(2015, 찰스 테일러와 공저)가 있다.

최일만

서울대학교 철학과에서 학사 학위와 석사 학위를, 독일 뷔르츠부르크대학교에서 ≪단독성과 자기이해: 진정성에 관한 현상학적 연구≫로 철학박사 학위를 취득했다. 건국대학교 모빌리티인문학 연구원 HK연구교수로 있으며 한양대학교 ERICA캠퍼스에 출강 중이다. 현상학을 통한 윤리론 연구와 현대기술문명 검토에 관심을 두고 있다. 논문으로 "존재 너머의 일자로서의 주체: 신체적 주체성에 관한 레비나스의 사유"(2025), "Dangers and Potentialities of the Highly Mobile World: An Ethical Consideration"(2021) 등이 있다. ≪망상의 역설≫(2025), ≪다보스에서의 결별: 분석철학과 대륙철학의 갈림길≫(2022), ≪존재와 운동≫(2021), ≪인터넷의 철학≫(2015) 등 현상학과 대륙철학에 관한 다수의 책을 번역했다.